ENTRE A ÁGUA E A SELVA

FUNDAÇÃO EDITORA DA UNESP

Presidente do Conselho Curador
Herman Jacobus Cornelis Voorwald

Diretor-Presidente
José Castilho Marques Neto

Editor-Executivo
Jézio Hernani Bomfim Gutierre

Assessor Editorial
Antonio Celso Ferreira

Conselho Editorial Acadêmico
Alberto Tsuyoshi Ikeda
Célia Aparecida Ferreira Tolentino
Eda Maria Góes
Elisabeth Criscuolo Urbinati
Ildeberto Muniz de Almeida
Luiz Gonzaga Marchezan
Nilson Ghirardello
Paulo César Corrêa Borges
Sérgio Vicente Motta
Vicente Pleitez

Editores-Assistentes
Anderson Nobara
Arlete Zebber
Ligia Cosmo Cantarelli

Albert Schweitzer

ENTRE A ÁGUA E A SELVA

Narrativas e reflexões de um médico
nas selvas da África equatorial

TRADUÇÃO
José Geraldo Vieira

© Verlag C.H.Beck oHG, München 2008
Publicado pela primeira vez em 1921 pela Verlag Paul Haupt, em Bern
Título original: *Zwischen Wasser und Urwald*

Direitos de publicação reservados à:
Fundação Editora da UNESP (FEU)
Praça da Sé, 108
01001-900 – São Paulo – SP
Tel.: (0xx11) 3242-7171
Fax: (0xx11) 3242-7172
www.editoraunesp.com.br
www.livrariaunesp.com.br
feu@editora.unesp.br

Agradecemos à Editora Melhoramentos pela
graciosa cessão dos direitos da presente tradução.

CIP – Brasil. Catalogação na fonte
Sindicato Nacional dos Editores de Livros, RJ

S429e

Schweitzer, Albert, 1875-1965
    Entre a água e a selva: narrativas e reflexões de um médico nas selvas da África equatorial / Albert Schweitzer; tradução José Geraldo Vieira. – São Paulo: Editora UNESP, 2010.
    184p.: il.

    Tradução de: Zwischen Wasser und Urwald
    Inclui bibliografia
    ISBN 978-85-393-0057-0

    1. Schweitzer, Albert, 1875-1965. 2. Médicos missionários – África – Biografia. 3. Cientistas – África – Biografia. 4. Missões médicas – África. I. Título.

10-3213.   CDD: 926.1
                                                            CDU: 929:61

Editora afiliada:

Asociación de Editoriales Universitarias
de América Latina y el Caribe

Associação Brasileira de
Editoras Universitárias

O jovem professor de teologia Albert Schweitzer interrompeu sua carreira acadêmica em 1905, estudou medicina e embarcou em 1913 para a África para construir uma estação médica a serviço da Sociedade Missionária francesa na selva da África equatorial. Em 1920 escreveu seu famoso relato "Entre a água e a selva", sobre os primeiros anos em Lambaréné.

O leitor entende que Schweitzer aprendeu de si mesmo durante seu trabalho de ajuda aos seus pacientes africanos. Seguiu para Lambaréné com o intuito de testar em qual medida era capaz de aplicar de forma autêntica a ideia de solidariedade com o povo do Terceiro Mundo, como era conhecido na época. Primeiro pela existência da prática, ganhou a segurança e o poder de persuasão para sua "Ética da veneração pela vida", que não apenas diz respeito ao humano, mas à vida dos seres em geral.

Horst Eberhard Richter

Albert Schweitzer (1875-1965) é conhecido mundialmente como teólogo, filósofo, cientista musical e médico tropicalista. Em 1952 foi agraciado por sua atividade médica na África com o Prêmio Nobel da Paz.

*Aos amigos, vivos ou mortos,
que me ajudaram a fundar minha obra,
minha mais profunda gratidão.*

SUMÁRIO

I Como vim exercer a medicina na floresta virgem /
A terra e a gente do rio Ogooué 11

II A viagem 19

III Primeiras impressões e experiências 37

IV De julho de 1913 a janeiro de 1914 47

V De janeiro a junho de 1914 75

VI Os madeireiros das selvas 99

VII Problemas sociais da selva 115

VIII Natal de 1914 139

IX Natal de 1915 145

X Da missão 157

XI Conclusão 171

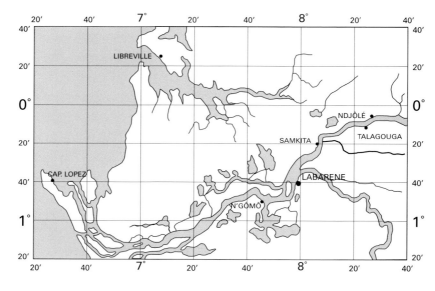

Curso inferior do Ogooué
Desenho de acordo com mapa do missionário Haug

CAPÍTULO I

COMO VIM EXERCER A MEDICINA NA FLORESTA VIRGEM

A terra e a gente do rio Ogooué

Deixei a docência na Universidade de Estrasburgo, a arte de tocar órgãos e uma carreira de escritor para atuar como médico na África equatorial. Como isso aconteceu?

Lera e ouvira testemunhos de missionários revelando a miséria física dos autóctones. E quanto mais refletia sobre isso, menos conseguia compreender como nós, europeus, nos preocupávamos tão pouco com a grande tarefa humanitária que essas regiões longínquas se apresentavam. Parecia-me que a parábola do homem rico e do pobre Lázaro se encaixava bem ao nosso caso. O opulento seríamos nós, pois os avanços da medicina nos proporcionaram enormes conhecimentos e processos eficazes contra a doença e a dor. As vantagens incalculáveis dessa riqueza nos parecem algo muito natural. Lá fora, nas colônias, está o pobre Lázaro, o negro, que sofre tanto ou bem mais do que nós com a doença e o sofrimento, porém não dispõe de nenhum meio para combatê-los. Agimos como o homem rico, pecando com a indiferença para com o pobre sentado no seu patamar, pois o rico não se punha no lugar do seu semelhante e nem deixava que o próprio coração se enternecesse.

As poucas centenas de médicos que os Estados europeus mantêm oficialmente nas colônias não podem, pensava eu, realizar senão uma parte ínfima dessa tarefa imensa, tanto mais que sua maior parte se destina aos colonos brancos e às tropas. Assim, compete à nossa sociedade o dever de tomar para si tal tarefa. Urge que chegue a hora em que médicos voluntários, enviados e apoiados por essa sociedade, venham em número considerável atender aos nativos. Só então começaremos a reconhecer e a cumprir a responsabilidade que cabe a nós, homens civilizados, perante os nativos daquela região.

Inspirado por tais considerações decidi, na idade de 30 anos, estudar medicina para colocar à prova minhas ideias no mundo real. No início de 1913 doutorei-me em medicina e na primavera desse mesmo ano parti para o Ogooué, na África equatorial, para lá iniciar minhas atividades com minha mulher, que fizera o curso de enfermagem.

Fixei minha escolha nessa região, pois missionários alsacianos ali estabelecidos a serviço da Sociedade das Missões Evangélicas (sediada em Paris) me informaram da necessidade premente de um médico naquelas paragens, principalmente em virtude do surto de doença do sono. Essa Sociedade das Missões declarou-se pronta a pôr à minha disposição um dos edifícios do seu posto em Lambaréné e a deixar que ali eu montasse um hospital, para o que também me prometia sua ajuda.

Eu deveria, contudo, reunir pessoalmente os fundos indispensáveis ao meu empreendimento, ao qual consagrei o quanto ganhei me apresentando em concertos de órgão e vendendo meu livro sobre Johann Sebastian Bach, editado em três idiomas. O Cantor de São Tomás de Leipzig contribuiu, dessa maneira, com a sua parte para a criação do hospital destinado aos negros nas selvas. Queridos amigos da Alsácia, França, Alemanha e Suíça me auxiliaram igualmente com seus donativos. Ao deixar a Europa, eu sabia ao menos que a existência da minha obra estava assegurada por dois anos. Eu tinha orçado as despesas – sem incluir a viagem de ida e volta – em cerca de quinze mil francos, o que se mostrou quase exato.

Por conseguinte, adotando um termo usado em biologia, eu agia em simbiose com a Sociedade das Missões Evangélicas de Paris. Contudo, meu empreendimento era em si supraconfessional e internacional. Estava convencido, como ainda estou hoje, de que toda tarefa humanitária em terras coloniais compete não somente aos governos ou às organizações religiosas, mas essencialmente a todos os homens. Deixei a amigos devotados de Estrasburgo a questão da contabilidade e da aquisição do material. A Sociedade das Missões Evangélicas de Paris encarregou-se de despachar minhas caixas com aquelas destinadas aos seus missionários do Gabão.

Cabe a mim escrever algumas palavras sobre a região onde atuei. O território do rio Ogooué pertence à colônia do Gabão, que tem um curso de cerca de 1.200 quilômetros, paralelamente ao norte do Congo. Embora bem menor do que o rio Congo, vem a ser ainda assim um curso de água bastante importante. No curso inferior chega a uma largura de 1 a 2 quilômetros. Nos últimos duzentos quilômetros seu curso subdivide-se em diversos braços que desembocam no Atlântico, próximo ao cabo Lopez. É navegável para grandes navios fluviais, desde a costa até pouco depois de N'Djôle, numa extensão de aproximadamente 350 quilômetros. Daí por diante apresenta-se, porém, uma região de colinas e de cordilheiras que segue até os planaltos da África Central.

Nesse ponto, trechos de corredeiras se alternam com partes navegáveis. A navegação só é possível por meio de pequenos vapores de hélice construídos especialmente para transpor os pontos rápidos ou por meio de pirogas feitas pelos nativos.

No amplo trecho do seu curso médio e superior, savanas se alternam com florestas; já no curso inferior, de N'Djôle a jusante, a bem dizer só há água e selva.

Esses terrenos baixos e úmidos convêm à cultura de café, pimenta, canela, baunilha e cacau. Também crescem bem os dendezeiros. Todavia, a maior parte dos europeus não se dedica às plantações nem à colheita da borracha nas selvas, preferindo o comércio da madeira. O Ogooué oferece a grande vantagem de desembocar num golfo dotado de excelente porto e onde não imperam as ressacas. Na costa ocidental da África, tão pobre em bons portos e principalmente em portos onde desembocam as correntes, essa circunstância apresenta condições excepcionalmente favoráveis ao embarque da madeira. Os grandes troncos flutuantes podem chegar até o costado dos vapores, para onde são içados, sem o risco de a correnteza e as ondulações os dispersarem. Por isso, continuará sendo por muito tempo, o comércio da madeira continuará sendo o principal da região.

Infelizmente a batata e os cereais não podem ser cultivados ali, visto seu crescimento ser demasiado rápido em atmosfera tão úmida e cálida. O pé de batata cresce muito, mas sem formar tubérculos; o mesmo sucede com os cereais que crescem mas não desenvolvem grão. Diversas razões impedem também a cultura do arroz. O gado não se cria bem no baixo Ogooué, pois não suporta o seu pasto. Em compensação prospera bastante no alto do planalto central.

ENTRE A ÁGUA E A SELVA

Assim, a farinha, o arroz, o leite e a batata precisam ser importados da Europa, o que complica e encarece sobremaneira as condições de subsistência.

Lambaréné está situada um pouco ao sul do equador e suas estações são as do hemisfério meridional. De forma que lá é inverno quando na Europa é verão, e vice-versa. O inverno da região caracteriza-se por tempo seco, com duração desde o fim de maio até início de outubro. O verão dali é a estação das chuvas, estendendo-se do princípio de outubro até meados de dezembro, e de meados de janeiro até o fim de maio. Na época do Natal se intercala uma temporada seca de três a quatro semanas, na qual a temperatura se eleva ao máximo.

No tempo das chuvas, a temperatura média à sombra é de cerca de 28 a 32 graus Celsius. As noites são quase tão quentes quanto os dias, e a excessiva umidade do ar torna o clima do baixo Ogooué quase intolerável para o europeu. Ao cabo de um ano tornam-se nítidas a exaustão e a anemia; após três ou quatro anos já não é capaz de executar seu trabalho normal, sendo o mais aconselhável um retorno à Europa por no mínimo seis meses para seu restabelecimento.

A mortalidade entre os brancos atingiu no ano de 1903 em Libreville, a capital do Gabão, quase 14 por cento.

Antes da guerra de 1914, viviam no baixo Ogooué cerca de duzentos brancos: lavradores, madeireiros, comerciantes, funcionários do governo e missionários. O número de nativos é difícil precisar. Em todo o caso, a região não tem população densa, compondo-se do que restou de oito tribos antes poderosas que durante três séculos foram atrozmente dizimadas pelo tráfico de escravos e pela cachaça. Da tribo dos orungus, que povoava o delta do Ogooué, já não existe quase ninguém. Quanto aos galoas, aos quais pertence o território de Lambaréné, restam apenas oitenta mil. Os fangues, que os franceses chamam de pahouins, invadiram estas regiões despovoadas, são antropófagos emigrados do interior, ainda bastante selvagens. Não fosse a intervenção dos europeus, esse povo guerreiro teria devorado as antigas tribos do baixo Ogooué.

Lambaréné forma ao rés do rio a fronteira que separa os pahouins das raças autóctones.

O Gabão foi descoberto pelos portugueses no fim do século XV. Já em 1521 havia missionários católicos instalados no litoral, entre a foz do Ogooué e a desembocadura do Congo. O Cabo Lopez deve seu nome a um missionário, Odoardo Lopez, que ali desembarcou em 1578. No século XVIII, os jesuítas possuíam na costa enormes plantações, com milhares de escravos. Porém, como os traficantes, não se aventuraram interior adentro.

Em 1849, quando os franceses, em combinação com os ingleses, lutavam contra o tráfico dos negros na costa ocidental da África, escolheram o golfo ao norte da baía de Cabo Lopez como base da esquadra e construíram em terra firme um assentamento para os escravos libertos, provindo daí o nome da localidade: Libreville. Nesse tempo os europeus ignoravam que os estreitos cursos de água que desembocavam dispersos na baía eram braços de um grande rio. Os nativos litorâneos esconderam esse fato, porque queriam manter em suas mãos o comércio do interior. Somente em 1862 o tenente Serval, partindo de Libreville, penetrou no interior rumo ao sudeste e descobriu o Ogooué nas paragens de Lambaréné. A exploração do curso inferior do rio teve início, a partir de Cabo Lopez, tendo como resultado o reconhecimento pelos sobas das tribos do protetorado da França.

Como nos anos de 1880 o objetivo era encontrar a rota comercial mais cômoda a partir do litoral na parte navegável do Congo, Savorgnan de Brazza pensou tê-la descoberto no Ogooué, pois este nasce a 200 quilômetros a noroeste do Stanley Pool e não é separado do Alima, afluente navegável do Congo, senão por estreita faixa de terra. Por esse meio chegou mesmo a transportar até o médio Congo um vapor desmontável. Contudo, ficou provado que as dificuldades decorrentes das cachoeiras do alto Ogooué tornavam essa via impraticável ao comércio. E a estrada de ferro do Congo, de Matadi a Brazzaville, construída pelos belgas em 1898, relegou definitivamente o Ogooué para segundo plano como via de acesso ao interior do Congo. Limita-se, hoje, a assegurar o trânsito para o seu sertão quase inexplorado.

Os primeiros missionários protestantes no vale do Ogooué eram norte-americanos e subiram o rio em 1860. Como não podiam ensinar francês pelas exigências do governo metropolitano, cederam sua obra à Sociedade das Missões Evangélicas de Paris. Essa sociedade protestante conta atualmente com quatro postos na região: N'Gomo, Lambaréné, Samkita e Talaguga. N'Gomo está a cerca de 200 quilômetros do litoral. As outras estações ficam a uma distância, rio acima, de aproximadamente 50 quilômetros uma da outra. Talaguga está situada numa romântica ilha fluvial em N'Djôle, ponto terminal da via navegável.

Em cada posto, em geral há dois missionários casados e um solteiro, além de uma professora, o que, sem incluir as crianças, perfaz um total de cinco ou seis pessoas.

A missão católica possui três postos no mesmo território: uma em Lambaréné, outra em N'Djôle e a terceira nas cercanias de Samba, à margem do N'Gunié, o maior afluente do Ogooué. Cada um se compõe de cerca de dez brancos, geralmente, três padres, dois irmãos leigos e cinco freiras.

Os altos funcionários administrativos residem em Cabo Lopez, em Lambaréné, em Samba e em N'Djôle. Cerca de quinhentos soldados negros, distribuídos pelo território, constituem a força policial da região.

Essa foi a região e o povo em cujo meio exerci a medicina durante quatro anos e meio como doutor da selva. Minhas experiências e observações durante o período anterior à eclosão da guerra são narradas segundo os relatórios que redigia em Lambaréné, de seis em seis meses, e remetia em carta impressa aos amigos e doadores. Durante a guerra tal correspondência se tornou impossível. A respeito desse outro período e dos respectivos problemas sociais e religiosos que enfrentei, baseio-me nas notas que tomei para minha orientação.

Cabanas do hospital em Lambaréné
Créditos: © Pierre Perrin/Zoko/Sygma/Corbis/Corbis (DC)/Latinstock

CAPÍTULO II

A VIAGEM
Lambaréné, começo de julho de 1913

oi na tarde da sexta-feira santa de 1913. Em Günsbach, a aldeia da cordilheira dos Vosges, onde passei a infância, os sinos acabavam de anunciar a saída do povo da igrejinha onde decorriam os ofícios divinos. De súbito o trem apareceu na orla da floresta. Começava então a nossa viagem para a África. Não havia tempo a perder. As despedidas foram rápidas. Estávamos na plataforma do último vagão e de lá vimos surgir ainda uma vez entre as árvores a ponta do campanário que nem sabíamos quando tornaríamos a ver...

No dia seguinte, quando a catedral de Estrasburgo desapareceu na distância, nós nos cuidamos transportados já em terras estrangeiras.

No domingo da Páscoa ouvimos ainda uma vez os caros órgãos de São Sulpício, em Paris, magistralmente tocados pelo amigo Widor. Às duas horas o trem para Bordéus partiu da plataforma da estação de Quai d'Orsay. Trajeto esplêndido. Por toda parte gente em trajes de domingo. Um badalar de sinos, trazido pela brisa primaveril, chegava até o trem expresso e lá de longe as igrejas das aldeias nos saudavam. Que maravilhoso dia de Páscoa, com sol fulgurante e beleza magnífica!

Os navios para o Congo não partiam propriamente de Bordéus, e sim de Pauillac, que fica a uma hora e meia de trem em direção ao mar. Cumpria-me desembaraçar da alfândega de Bordéus minha enorme bagagem, expedida antes para lá em trem de carga. A alfândega, contudo, estava fechada naquela segunda-feira de Páscoa e na manhã de terça-feira não disporíamos de tempo para regularizar essa situação. Ainda bem que um funcionário ficou tocado por nosso problema, dispensando-nos das formalidades obrigatórias. Pude assim ter de volta minhas caixas.

Nos últimos momentos, dois automóveis nos transportaram com nossas bagagens à estação de trem portuária, estando prestes a partir o trem que conduziria a Pauillac os passageiros que se destinavam ao Congo. Impossível descrever a sensação que se apoderou de nós no compartimento, depois de tanto alvoroço e da contratação de todos os carregadores disponíveis.

Toque de clarins. Os soldados coloniais que viajarão conosco acomodam-se num vagão. O trem deixa a plataforma. Céu azul, ar agradável. Água; giestas floridas; gado pastando. Uma hora e meia mais tarde, o trem para no meio duma lufa-lufa de caixotes, fardos e malas. Vemo-nos no cais, a dez passos do navio que balança docemente sobre as águas pardacentas do Gironda. O navio chama-se *Europe*. Pressa, confusão, gritos, sinais aos carregadores. Empurrando e sendo empurrado, chega-se a bordo pela escada estreita, e após informar seu nome, cada qual recebe o número do camarote que lhe compete pelo prazo de três semanas. Ainda bem que nosso camarote fica na parte de cima, próximo da proa, longe das máquinas, o que já constitui uma grande vantagem.

Mal se teve tempo para compor um pouco a roupa e a cara, toca a sineta anunciando o almoço. Ocupamos uma mesa com diversos oficiais, o médico de bordo, outro do exército e duas senhoras de funcionários coloniais que retornarão ao convívio dos respectivos maridos após férias de convalescença. Logo soubemos que nossos companheiros de mesa já estiveram na África ou em outras colônias. Diante deles nos sentimos recrutas ou novatos. Lembrei-me das galinhas que minha mãe adquiria a cada verão do italiano vendedor de aves para ter o galinheiro sempre bem fornecido, e que durante alguns dias andavam assustadas e inquietas entre as outras. Chamava-me atenção a expressão de meus companheiros de viagem, suas fisionomias enérgicas transpareciam decisão.

Como o navio ainda precisava receber bastante carga, partimos apenas na tarde do dia seguinte. Descemos vagarosamente o Gironda sob um céu nublado. E no cair da tarde as longas vagas nos indicaram que havíamos atingido o oceano. Às nove horas desapareceram as últimas cintilações dos faróis.

Os passageiros falavam mal do golfo de Gasconha e desejavam vê-lo já bem para trás. Experimentaríamos em breve sua perfídia. Foi no segundo dia depois da partida que a tempestade começou. Nosso navio balançava sobre as ondas, como um imenso cavalo de pau, e dançava à vontade para ambos os lados. No alto-mar os navios que vão para o Congo jogam muito mais do que os outros transatlânticos. Mesmo os maiores têm casco chato a fim de possibilitar a subida do Congo até Matadi, tanto nos tempos da cheia como nos da vazante.

Novato em matéria de travessia marítima, não me lembrei de amarrar bem com cordas minhas duas malas de cabina. Durante a noite elas começaram a perseguir-se. A nossa grande caixa de chapéus, onde se encontravam os nossos capacetes coloniais, decidiu entrar na brincadeira, sem saber a que riscos estava exposta. Quando quis agarrar minhas malas, quase fiquei com um pé esmagado contra a parede da cabina. De modo que resolvi abandoná-las à sua sorte e me limitei a permanecer no beliche, contando o tempo entre o choque das vagas de encontro ao navio e os choques entre as malas. Finalmente, o estardalhaço que vinha dos outros camarotes juntou-se ao barulho da louça que dançava na cozinha e na sala de jantar. Na manhã seguinte o criado de bordo me ensinou como fixar as malas com perfeição.

A tempestade durou três dias, sem diminuir de violência. Impossível uma pessoa ficar de pé ou sentar-se nos camarotes ou nos salões, pois era logo projetada de um canto para outro. Diversos passageiros feriram-se seriamente. No domingo nos serviram apenas comida fria, pois os cozinheiros não conseguiam manter-se diante dos fogões. O mau tempo só acabou nas proximidades de Tenerife.

Antegozava bastante a primeira vista dessa ilha tão famosa. Mas isso ainda foi de longe, porque depois adormeci profundamente, só vindo a acordar quando entrávamos no porto. Assim que a âncora foi lançada, o navio ficou rodeado por barcaças carvoeiras destinadas às suas máquinas. Sacos repletos foram içados a bordo e esvaziados através das escotilhas dos porões.

Santa Cruz de Tenerife está situada num monte, cujo flanco segue quase até o mar. Tem o caráter típico duma cidade espanhola. A ilha é extremamente bem cultivada e fornece batatas a toda costa ocidental da África, além de verduras frescas e bananas doces para a Europa.

Por volta das três horas, a âncora foi içada. Em pé na proa, observo como a âncora se desprende lentamente do fundo e submerge das águas transparentes. Ao mesmo tempo admiro uma espécie de pássaro azulado que paira elegantemente sobre as ondas. Um marinheiro me explica que se trata dum peixe-voador.

À medida que nos afastamos da costa para o sul, a extremidade mais alta e recoberta de neve da montanha mais alta, que do porto não se consegue ver, surge sobre a ilha e desparece na bruma da tarde, enquanto avançamos sobre as vagas apenas agitadas e admiramos o azul estupendo da água.

Foi somente neste trecho da viagem que os passageiros travaram conhecimento uns com os outros. Predominavam oficiais, médicos militares e funcionários civis, surpreendendo-me o número reduzido de comerciantes.

Em geral, os funcionários só conhecem o local de desembarque. Apenas lá ficarão sabendo de seu destino.

Travamos relações menos cerimoniosas com um tenente e um administrador das colônias. Este último seguia para o médio Congo e precisou deixar mulher e filhos durante dois anos. O tenente estava nas mesmas condições e provavelmente sua rota seria Abéché. Já estivera em Tonquim, Madagascar, Senegal e no Congo e interessava-se por todas as questões da colônia. Não é favorável ao maometismo que se propaga por entre os negros, vendo nisso um grande perigo para o futuro da África. "Para o negro maometano", diz-me ele, "nada está realmente bom. Pode-se construir para ele estradas de ferro, abrir-lhe canais, gastar centenas de milhares de francos para a irrigação das terras que ele cultiva; isso não lhe impressionará em nada, pois é visceralmente indiferente a tudo quanto seja europeu, seja qual for a vantagem que lhe propiciarmos. Mas se fizermos aparecer nas aldeias um marabuto – pregador islamita itinerante – montado num cavalo pomposo, envolto num manto vistoso, então sim, veremos a população se alvoroçar. Todos se acotovelarão ao seu redor, trazendo-lhe suas economias a fim de obter, a bom preço sonante, um amuleto contra doenças, outro contra ferimentos de guerra, mais outro contra picadas de serpentes, outro ainda contra espíritos maus e vizinhos ruins. Onde existir uma população maometana negra, não haverá nenhum avanço sob o aspecto cultural ou científico. Quando construímos a primeira estrada de ferro em Madagascar, os nativos se aglomeravam em torno da locomotiva o dia todo, manifestando alegria e surpresa sempre que ela expelia vapor, e procuravam explicar uns aos outros como era que tal máquina podia se pôr em marcha. Já numa cidade do continente africano de população muçulmana, havíamos utilizado a força hidráulica para a instalação da iluminação elétrica e esperávamos que a população se surpreendesse com tamanha claridade! Pois logo na primeira noite em que as lâmpadas se acenderam, todos combinaram permanecer em suas casas e choupanas para deixar patente sua apatia ante tal inovação".

Foi-me sobremaneira precioso travar conhecimento com um médico militar que já vivera doze anos na África equatorial e que dirigiria então o Instituto Bacteriológico de Grand-Bassam.

A meu pedido, dedicou duas horas de cada manhã passando em revista comigo toda a medicina tropical e me pondo a par de suas tentativas e experiências. Considerava indispensável que médicos independentes, em número maior possível, se devotassem voluntariamente à população autóctone.

No dia seguinte à nossa partida de Tenerife, as tropas receberam ordem de usar sempre o capacete colonial nos passadiços e no convés. Estranhei tal exigência, pois a temperatura ainda estava relativamente fresca, pouco passando da que temos em nossa terra durante o mês de junho. Contudo fui abordado nesse mesmo dia por um "velho africano" quando eu, de cabeça descoberta, contemplava o poente.

"A partir de hoje, meu jovem amigo – disse-me ele –, trate de considerar o sol como o seu pior inimigo, mesmo quando não estiver ardente, seja quando nasce, quando está a pino ou quando descamba. Não sei como lhe explicar, mas de uma coisa pode estar certo: as insolações mais perigosas ocorrem antes mesmo que tenhamos atingido o equador. Saiba que o sol da manhã, tanto como o da tarde, tão ameno na aparência, é mais traiçoeiro ainda que o do meio-dia."

A primeira vez que surgimos vestidos de branco e com o capacete colonial, isso nos causou uma impressão peculiar. Levou dois dias para que sumisse a impressão de que andávamos fantasiados.

Em Dakar, o grande porto de Senegal, minha mulher e eu pisamos pela primeira vez em terras africanas, às quais queríamos dedicar nossa vida. Aquele foi para nós um momento solene.

Não tive boa impressão de Dakar. Não posso me esquecer da brutalidade com que são tratados os animais naquele lugar. A cidade fica numa grande escarpa e as ruas ainda estão em péssimo estado, de modo que a sorte dos pobres animais de carga a serviço dos africanos é medonha. Nunca vi em parte alguma cavalos e jumentos assim tão maltratados.

Ao ver dois negros instalados numa carroça cheia de lenha, que empacara na estrada recentemente calçada, açoitarem um pobre animal aos berros, não pude seguir caminho antes de obrigá-los a descer da carroça e a empurrá-la comigo até que nossos esforços a destravassem. Ficaram perplexos, mas obedeceram sem discutir. Quando regressei a bordo, o tenente me disse: "Se não suporta que maltratem animais, então não venha para a África, porque aqui verá cenas horríveis".

Nesse porto subiram a bordo soldados negros, em sua maioria atiradores senegaleses com mulheres e filhos. Instalaram-se na ponte da proa e de noite enfiavam-se nos grandes sacos que lhes cobriam as próprias cabeças, pois dormiam ao relento. As mulheres e as crianças estavam carregadas de amuletos contidos em saquinhos de couro. Até mesmo bebês de colo os usam.

Eu imaginava o litoral africano árido e deserto, e fiquei surpreso por ver no caminho costeiro para Conacri, que conduz por Dakar até a próxima estação, florestas sempre verdejantes banhadas pelas ondas. Com ajuda do binóculo se veem as palhoças pontudas das aldeias africanas. Uma espécie de névoa formada pelo ímpeto da ressaca subia qual fumaça diante desse cenário. Todavia, o mar estava tranquilo e a costa me parecia plana.

"Tubarão! Tubarão!"

Precipito-me para fora da sala de escrita: mostram-me um triângulo preto que emerge a cerca de cinquenta metros do costado e que se dirige para o navio. É a barbatana dorsal do monstro temível. Quem quer que a veja uma vez, não a esquecerá mais, tampouco a confundirá. Os portos da África Ocidental são infestados de tubarões. Em Cotonu avistei um, atraído pelos sobejos da cozinha, rente ao costado cerca de dez metros. Como a claridade estava boa e a água transparente, pude distinguir durante alguns instantes, em todo o seu comprimento, o corpo de reflexos cinzentos e amarelos do animal, e observei como ele quase se punha de dorso para cima para que a boca, na parte inferior da cabeça, pudesse estar preparada para agarrar a presa.

Apesar dos tubarões, os negros de todos os portos mergulham para pegar moedas que lhes são atiradas. Os acidentes são raríssimos, porque o estardalhaço que acompanha essa prática aborrece até mesmo as hienas do mar. Em Tabu fiquei espantado de ver um desses mergulhadores permanecer sempre calado enquanto os demais gritavam para que continuassem a lhes atirar moedas, mas não tardei a notar que era o mais esperto de todos. Via-se obrigado a ficar mudo porque a boca lhe servia como burra para as moedas e mal a podia fechar de tão cheia que estava de moedas de cobre e níquel.

De Conacri em diante o navio vai sempre quase ao rés da costa. Costa da Pimenta, Costa do Marfim, Costa do Ouro, Costa dos Escravos... Se as margens de bosques paralelos ao horizonte pudessem contar todos os horrores que testemunharam! Ali aportavam os navios negreiros para embarcar a mercadoria humana com destino à América. "As coisas ainda não estão melhores", disse-me o caixeiro-viajante duma grande firma que seguia pela terceira vez para assumir o seu posto no Congo. "Trazem aguardente e doenças aos negros que lhes eram desconhecidas. Todo o bem que trazemos para eles compensa esse mal?"

Mais de uma vez durante as refeições observei os passageiros sentados em suas diferentes mesas. Todos já haviam estado na África. Com que sentimentos teriam ido? Quais seriam seus ideais? Como se comportam no exercício de suas funções essas pessoas tão amáveis e tão corteses? Que ideia faziam de sua responsabilidade?...

Em poucos dias nós, trezentas pessoas que partiram de Bordéus, teremos chegado ao Senegal, ao Níger, ao Ogooué, ao Congo e, tomando seus afluentes, até o lago Tchad para em nossos respectivos locais assumirmos nossos postos, onde permaneceremos durante dois ou três anos. Que faremos lá? Se fosse possível tomar nota de tudo que nós juntos no navio fazemos nesse momento, daria um livro! Não seriam páginas que se precisaria virar depressa?...

E o navio nos leva adiante. Grand-Bassam... Cotonu... a cada vez despedidas cordiais, inclusive entre aqueles que não tinham trocado senão algumas palavras... "Passe bem!" As palavras se trocam com sorrisos, mas amiúde bem pronunciadas, e tomam nestas paragens um caráter grave. Como passarão aqueles a que elas se dirigem quando tornarem a embarcar? Regressarão todos?... Os cabrestantes e os guindastes fazem ruídos arranhados, os botes dançam sobre as vagas; os telhados vermelhos dos portos nos saúdam vivamente de dentro do arvoredo; as lâminas côncavas da ressaca se pulverizam sobre as dunas... e lá por trás dessa paisagem fica a imensa terra, onde cada um daqueles que nos deixam será por certo tempo mestre e senhor, e será de grande importância à sua sorte. "Passe bem! Fique bem!" Este adeus me parece bem pouco solene para tudo aquilo que se abre por essas terras.

Em Grand-Bassam, Tabou, Cotonu, a ressaca é tão forte, mesmo durante tempo bom, que os passageiros não podem descer para os botes servindo-se da escada de bordo, mas são obrigados a se alojar em número de quatro por vez em caixotes de madeira semelhantes aos que se veem nos balanços das festas. Os operadores do guindaste precisam escolher o momento certo para depor a gaiola com seus quatro ocupantes no fundo da canoa oscilante, em seu sobe e desce; cabia aos negros no bote mantê-lo bem debaixo do caixote que está descendo. Os acidentes não são raros. O desembarque das cargas se opera igualmente com enormes dificuldades, sendo possível apenas quando se tem o clima mais ameno. Começo a me dar conta de que, em virtude das correntes, faltam bons portos na costa ocidental da África.

Em Tabou o navio recebe a bordo cinquenta estivadores negros, conforme ocorre em cada viagem. Acompanham-

-nos até o Congo e são trazidos aqui de volta. Deverão ajudar o desembarque em Libreville, Cabo Lopez e Matadi, para onde segue a maior parte da carga que transportamos.

Desincumbem-se desse trabalho com perfeição, quase melhor que os trabalhadores em Pauillac, mas se comportam de forma bruta com os outros negros que estão a bordo. Ao encontrarem-se pelo caminho, começam os socos e encontrões.

Não sofri com o calor, nem padeci de insônia; minha mulher, infelizmente, começa a sofrer, bem como os demais passageiros.

É maravilhoso à noite o reflexo do mar por onde o navio traça um sulco. Na espuma fosforescente se elevam as medusas luminosas como bolhas incandescentes.

Desde Conacri percebem-se quase todas as noites relâmpagos de tempestade em terra. O navio atravessou diversas chuvas violentas acompanhadas de tufões que, contudo, não refrescam a atmosfera. Nos dias em que se nubla o céu, o calor se torna ainda maior que nos outros. Também o sol deve ser mais perigoso que antes, embora sua radiação não seja direta.

Na manhã do dia 13 de abril, por sinal um domingo, chegamos a Libreville. Ali recebemos a visita do missionário norte-americano Ford, que nos traz flores e frutas do jardim da missão: são os primeiros presentes da África. Aceitamos com gratidão seu convite e assim seguimos para a estação missionária de Baraca, situada numa colina, a três quilômetros de Libreville, à beira-mar.

No momento em que subimos a colina entre filas de casebres de bambu dos nativos, os fiéis saem da capela. Somos apresentados e apertamos dúzias de mãos negras. Que diferença entre esta gente decente e bem-vestida e os demais negros que até agora vimos pelos portos! E nem são mais as mesmas fisionomias, pois estas têm algo de modesto e ao mesmo tempo brioso, que contrasta com a expressão impertinente, servil e ao mesmo tempo aflita que notei até aqui nos olhos de tantos negros, o que me causa verdadeiro alívio.

De Libreville a Cabo Lopez são apenas oito horas de travessia. Segunda-feira de manhã, 14 de abril, chegamos ao porto, senti uma espécie de angústia que já me acometera diversas vezes durante a última semana. A alfândega! A alfândega! Na mesa, durante a segunda metade da viagem, eu ouvira histórias no mínimo aterrorizadoras a respeito da alfândega colonial. "Decerto o doutor será obrigado a pagar dez por cento do valor dos seus objetos", disse-me um velho africano. E um outro acrescenta: "E não se olha se as coisas são novas ou usadas".

Ainda bem que o oficial aduaneiro nos tratou com clemência. Por certo a fisionomia ansiosa com que apresentamos a lista de objetos contidos nas setenta caixas o fez mais ameno. Aliviados, voltamos para dormir a última noite a bordo. Foi uma noite desconfortável. Estavam procedendo ao desembarque da carga e embarcando carvão, até por fim os negros, exaustos, caírem perto dos guindastes.

Terça-feira, bem cedo, transferimo-nos para o navio fluvial Alembé. Para que possa navegar com o rio em qualquer nível, foi feito com fundo chato e largo. As duas rodas, em vez de serem colocadas nos flancos, estão dispostas atrás, na popa e lado a lado para preservá-las dos troncos que boiam a esmo rio abaixo. O Alembé recebe a bordo apenas os passageiros e suas bagagens, pois já segue cheio de carga. As caixas vindas da Europa devem seguir daqui a duas semanas, com o outro vapor fluvial.

Iniciamos a subida rio acima às nove horas da manhã, visando transpor com a ajuda da maré alta os bancos de areia existentes na desembocadura do Ogooué. Alguns passageiros que se atrasaram ficaram para trás e nos alcançarão ao anoitecer, vindo numa lancha a motor.

Água e selva...! Quem consegue reproduzir essas impressões? Para nós tudo parece sonho. Aqui as paisagens antediluvianas, que vimos ao acaso em desenhos fantásticos, se tornam realidade. Não se pode distinguir onde cessa a água e onde começa a terra. Um enorme emaranhado de raízes recobertas de lianas avança rio adentro. Palmeiras anãs ou gigantescas, entremeadas de bosques densos e de ramos verdes, apresentam folhas de tamanho incrível, árvores isoladas de altos troncos, mais além vastos campos de papiros imensos com folhas em forma de leque, em meio ao verdor exuberante árvores ressequidas se retorcem para o céu... Em cada clareira reluzem espelhos d'água; a cada curva surgem novos braços do rio. Uma garça voa pesadamente e pousa numa árvore morta; pequenos pássaros azuis voltejam por sobre a água. Bem alto, um casal de águias-pescadoras descreve curvas. Aqui é impossível enganar-se: supensas numa palmeira e se mexendo, duas caudas de macacos. Agora seus dois proprietários estão visíveis. Agora, estamos realmente na África.

E assim prossegue o cenário, hora após hora. Cada canto e cada curva se assemelham aos que os precederam. Sempre e sempre a mesma floresta, a mesma água amarelada. A monotonia aumenta a força dessa natureza de forma infinita. Se fecharmos os olhos durante uma hora, ao reabri-los perceberemos exatamente o que até então estava lá. Até aqui o Ogooué não é um rio, mas um sistema de cursos de água. Três ou quatro braços se entrecruzam. Entre eles surgem lagos grandes e pequenos. Como nosso piloto negro não se atrapalhava dentro de tal labirinto para mim é um enigma. Com os raios do timão entre as mãos, ele conduz o navio, sem estar munido de mapa, passando da grande corrente para um canal estreito, deste atravessando um lago para novamente entrar numa grande correnteza... e assim por diante. Há dezesseis anos que faz esse trajeto e não se perde, mesmo durante a noite, valendo-se apenas do luar.

O curso do rio é bastante lento no baixo Ogooué, mas acelera-se sensivelmente na parte superior. Bancos de areia invisíveis e troncos de árvores flutuando embaixo da água exigem grande prudência na navegação.

Após um longo trajeto, paramos ao lado de uma pequena aldeia. Veem-se empilhadas sobre a margem algumas centenas de achas de lenha, do tamanho das que os padeiros utilizam. Acostamos para embarcá-las, pois a caldeira do navio é aquecida com lenha. Uma prancha é estendida do costado à margem. Os negros fazem uma fila e começam a carregar. Um deles a bordo segura uma folha de papel. Uma vez largadas dez achas, um indivíduo pronuncia estas palavras, cantadas em bela cadência: "Faz um traço!". Uma vez largadas cem achas, o mesmo negro exclama no mesmo tom: "Faz uma cruz!".

A cada cem achas de lenha paga-se de quatro a cinco francos.

O comandante dirige censura ao chefe da aldeia, porque este preparou pouca lenha. O soba se desculpa com palavras e gestos patéticos. Por fim a discussão termina tornando explícito que ele, em vez de ser pago em dinheiro, preferiria o pagamento em aguardente, pois acha que os brancos a adquirem mais barato do que os pretos e que, portanto, assim lhe parecia melhor... Cada litro de álcool paga dois francos de direito de entrada na colônia. Tenho de pagar a mesma soma pelo álcool farmacêutico que utilizo para desinfecção em medicina.

A viagem prossegue. Ao lado da margem veem-se choupanas abandonadas e em ruínas. Um comerciante parado perto de mim diz: "Quando estive aqui há vinte anos, todas estas aldeias eram prósperas." "E por que não são mais?", perguntei. Ele deu de ombros e sussurrou: "por causa da cachaça...".

Depois do sol posto, paramos perto duma feitoria onde são embarcadas três mil achas de lenha boa; o carregamento durou duas horas. O comerciante me diz: "se parássemos de dia, todos os passageiros negros (que são cerca de sessenta) teriam descido para comprar cachaça. Quase todo o dinheiro que entra na região com o comércio de madeira se transforma em aguardente. Percorri as colônias dos mais diversos povos. Por toda parte o álcool é o adversário de todo e qualquer trabalho civilizador".

As impressões sublimes sugeridas por esta natureza selvagem e grandiosa se impregnam também de sofrimento e angústia. Com o crepúsculo da primeira noite que passamos no Ogooué se estendem sobre mim as sombras da miséria africana. Enquanto isso a voz canta monótona: "Faz um traço!... Faz uma cruz!". E mais do que nunca, tenho a convicção de que estas paragens necessitam de homens que lhes venham em ajuda, sem se deixar desanimar.

Continuamos sob o luar. Ora se vê a selva como uma orla escura à margem, ora o barco roça essa obscura parede que exala um calor insuportável. O brilho dos astros se reflete suave sobre as águas. Relâmpagos brilham ao longe. Depois da meia-noite o barco lança âncora numa tranquila enseada. Os passageiros esgueiram-se para debaixo dos mosquiteiros. Vários dormem nas cabines, outros na sala de refeições sobre os bancos encostados às paredes e em cujo vão se acham os sacos do correio.

Por volta das cinco horas da manhã a máquina recomeça a funcionar. A floresta torna-se ainda mais grandiosa do que era no curso inferior do rio. Já percorremos mais de duzentos quilômetros. Surge ao longe uma colina com alguns telhados vermelhos: é o posto missionário de N'Gômô. E como aí se carregam achas durante duas horas, temos tempo de visitá-lo, além da serraria.

Ao cabo de cinco horas de viagem, avistamos ao longe as colinas de Lambaréné. A sirene do vapor ressoa, muito embora só cheguemos dentro de meia hora. Os habitantes das feitorias, muito afastadas umas das outras, precisam por sua vez ser avisados a tempo de acorrer às canoas até o desembarcadouro e ali recolher a carga que lhes é destinada.

Da estação missionária de Lambaréné ao desembarcadouro o trajeto em canoa leva mais de uma hora. Quando o navio acostou, portanto, não podia haver ninguém da missão para nos receber. Contudo, durante o desembarque – o que se deu às quatro horas e com um sol ardente –, vejo de repente uma canoa comprida e estreita, remada por alguns rapazes que cantavam alegremente, chegar como um raio e dar uma volta ao redor do navio com tamanha rapidez que o branco que estava dentro dela mal teve tempo de jogar o corpo para trás para não bater a cabeça na amarra do navio. É o missionário Christol, com os alunos da sua escola primária; logo atrás deles chegou um barco trazendo o missionário Ellenberger e nos remos os alunos da escola secundária. Tinha havido uma corrida e a classe dos menores vencera; convém dizer que lhes cederam a canoa mais leve. Já que venceram, vão ter a honra de conduzir o doutor e sua senhora e os outros transportarão as bagagens. Que soberbos rostos de crianças! Um pirralho circula gravemente, sobraçando o meu pesado rifle.

No começo da travessia em canoa sentimos-nos um pouco desconfortáveis. Essas embarcações muito planas e estreitas são talhadas num único tronco de árvore e perdem o equilíbrio com o menor movimento. Os remadores não vão sentados, mas em pé, o que não melhora em nada a pouca estabilidade. Com remos compridos, cortam a água, cantando para manter o ritmo. Basta um movimento desajeitado dum remador para fazer virar a canoa.

Daí a meia hora já havíamos dominado nossos temores e usufruíamos a magnífica travessia. Os garotos lutavam em desafio de velocidade com o vapor, que já prosseguia viagem para o interior e, assim afoitos, quase viraram um barco ocupado por três velhotas.

Passamos, sempre ao som de alegres cânticos, da corrente principal para um braço do rio em mais meia hora. Alguns pontos brancos mergulhados no sol poente: são as casas do posto. Quanto mais nos aproximamos, mais as cantigas aumentavam de volume. Depois de atravessar uma corrente agitada por um vento de tempestade, a canoa se insinua numa pequena enseada.

Temos, antes de mais nada, que apertar certo número de mãos negras. Já nos habituamos. Em seguida, acompanhados pela senhora Christol, pela senhorita Humbert, a professora, e pelo senhor Kast, missionário-artesão, subimos à nossa casinha situada na colina que a criançada decorou com flores e ramos de palmeira. Construída inteiramente de madeira, repousa sobre quarenta postes de ferro que se elevam meio metro do chão. Uma varanda contorna os quatro pequenos aposentos. A vista da paisagem é encantadora: embaixo o braço do rio, que em certos trechos se alarga em lago;

em toda a volta a floresta. Ao longe se avista uma nesga da corrente principal do rio; ao fundo, montanhas azuladas.

A noite caiu mal nos dando tempo para desembrulhar alguns objetos indispensáveis. Aqui começa a anoitecer pouco depois das seis horas. O sino chama as crianças à sala de aula para as orações da noite. Um exército de grilos põe-se a cantar acompanhando o coral que chega até nós. Sento-me sobre uma das minhas malas e ouço, tomado pela emoção. Então vejo uma sombra pavorosa descer pela parede. Primeiro me assusto, e então vejo uma enorme aranha. Muito maior do que a mais impressionante que eu já vira na Europa. Uma caçada emocionante lhe põe fim à vida.

Depois da ceia na casa do senhor Christol, as crianças se reúnem diante da varanda enfeitada com diversos lampiões e cantam a duas vozes, segundo a melodia duma canção popular suíça, alguns versos compostos de pronto pelo senhor Ellenberger. Somos conduzidos com lanternas pelo atalho que ladeia a colina. Contudo, antes de pensar em dormir, é necessário travar nova batalha com aranhas e enormes baratas voadoras que consideram sua propriedade a casa há muito desabitada.

Na manhã seguinte, às seis horas, o sino toca. Ouve-se o coral das crianças na escola. Agora tem início a nossa atividade em nosso novo lar.

CAPÍTULO III

PRIMEIRAS IMPRESSÕES E EXPERIÊNCIAS
Lambaréné, fins de julho de 1913

oi informado na estação missionária que, salvo em casos de urgência, ninguém deveria procurar o médico senão três semanas após sua chegada, pois ele precisava aproveitar o tempo todo para preparar sua instalação. Claro que essa recomendação não foi obedecida. Os doentes apresentavam-se diante de minha casa a qualquer hora do dia. Era difícil tratá-los, porque tinha de me satisfazer com os serviços de qualquer eventual intérprete e só possuía alguns remédios, instrumentos e curativos que trouxera nas malas de cabina.

Um ano antes da minha chegada um professor da escola da Missão de Samkita, chamado N'Zeng, se oferecera para me servir de intérprete e enfermeiro, e pedi que lhe dissessem que devia vir para Lambaréné logo após a minha chegada. Mas ele não apareceu, desculpando-se que tinha uma questão a liquidar, um caso de herança em sua aldeia natal, a mais de cem quilômetros daqui. Precisei mandar-lhe uma canoa e insistir para que viesse o mais rápido possível. Declarou-se de acordo, mas uma semana se passou sem que ele aparecesse. O senhor Ellenberger olhou-me sorrindo e disse: "Doutor, sua aprendizagem africana apenas está começando. Pela primeira vez vivencia um fato que terá de aceitar dia após dia como uma contingência perpétua: a falta de boa-fé dos nativos".

Na noite de 26 para 27 de abril, ouvimos a sirene do vapor fluvial. Nossas caixas foram desembarcadas na missão católica situada rente ao curso principal do rio; o comandante se recusou a transportá-las até nós, temendo navegar as águas do braço de rio que lhe eram desconhecidas. Os senhores Champel e Pelot, missionários-artesãos de N'Gômô, vieram a Lambaréné com dez operários para nos ajudar a transportar toda a nossa carga. Preocupava-me bastante o transporte do meu piano com pedais de órgão, construído especialmente para os trópicos. A Sociedade Johann Sebastian Bach, de Paris, da qual fui organista por vários anos, me presenteara com esse piano para que eu pudesse prosseguir apurando minha técnica. Parecia-me impossível que um tronco de árvore escavada – e aqui não havia outro barco – fosse capaz de transportar tal instrumento em sua pesada caixa forrada de zinco. Por felicidade, o chefe da feitoria me emprestou uma embarcação apropriada, feita dum tronco de árvore enorme e que podia carregar três toneladas. Sobre ele seria possível transportar até cinco pianos!

Transportamos, portanto, com trabalho árduo, as minhas setenta caixas para o posto. Em seguida foi necessário fazê-las subir da margem para a colina. Todas as pessoas saudáveis do posto missionário colocaram a mão na massa. Os alunos destacaram-se por seu zelo. Era engraçado ver uma caixa prover-se subitamente duma porção de pernas negras, ao passo que ao mesmo tempo lhe nasciam duas filas de cabeças com carapinhas; e o conjunto escalava a rampa da colina, gritando por entre enorme escarcéu. Em três dias tudo estava em seu lugar e nossos auxiliares de N'Gômô puderam voltar para suas casas. Não sabíamos como agradecer-lhes tanta bondade, pois sem eles não teríamos dado conta do transporte.

A abertura das caixas criou confusão. Tivemos trabalho para ordenar as coisas. Pensara-se na construção duma barraca em zinco ondulado para servir de início ao meu hospital. Contudo, não se chegara sequer a terminar a estrutura, pois a estação missionária não conseguiu arranjar operários. Nos últimos meses o comércio de madeira anda muito próspero e os comerciantes pagam salários tão bons aos trabalhadores com os quais o posto missionário não consegue concorrer. A fim de se conseguir acomodar ao menos os medicamentos mais indispensáveis, o senhor Kast, o missionário-artesão, instalou umas prateleiras no nosso cômodo principal, para as quais ele próprio serrou e aplainou a madeira necessária. É preciso conhecer a África para perceber que uma prateleira na parede vale por um tesouro.

Eu não dispunha de nenhum lugar para exame e tratamento dos doentes, e isso me deixava pesaroso. Os riscos de infecção me impediam de receber os pacientes no meu quarto. Os missionários avisaram-me desde o começo que na África é preciso evitar sempre que possível que os negros entrem nas habitações dos brancos. Trata-se de uma medida de sobrevivência pessoal.

Tinha, portanto, que fazer curativos e os tratamentos ao ar livre, diante da casa. Mas quando vinham as tempestades vespertinas, era preciso levar tudo para dentro da varanda, às pressas. O trabalho ao sol era excessivamente fatigante.

Havia uma emergência ali, então me decidi a elevar à categoria de hospital o espaço que o meu predecessor na casa, o missionário Morel, utilizara como galinheiro. Pregamos algumas prateleiras ao longo das paredes, pusemos num canto uma cama usada, passamos diversas camada de cal de alto a baixo, cobrindo o melhor possível a sujeira. Fiquei radiante com tal arranjo. Não há como negar que a atmosfera era sufocante nesse cômodo sem janelas, e os buracos no telhado me obrigavam a permanecer com o capacete colonial na cabeça; mas, pelo menos, já não precisava fugir quando sobrevinha uma carga de chuva. Foi com alegria que escutei pela primeira vez a chuva correr com força pelo telhado, surpreendendo-me mesmo por poder continuar tranquilamente a fazer curativos nos meus doentes.

Na mesma época arranjei um intérprete-enfermeiro. Observei entre os doentes um nativo de fisionomia inteligente e que dominava o francês. Contou-me que era cozinheiro, mas que precisou renunciar à profissão por causa da saúde. Como não conseguíramos cozinheiro, propus-lhe que trabalhasse em minha casa e que me ajudasse, além disso, como intérprete e enfermeiro. Seu nome é Joseph, um indivíduo muito correto. Custou-me um pouco habituar-me sem reação à sua terminologia anatômica que denuncia sua antiga profissão culinária. "Este homem está com dor no lombo direito. Esta mulher tem dores nas costeletas esquerdas e na alcatra."

O tal N'Zeng, que eu contratara antes, chegou em fins de maio. Não me inspirou grande confiança, de modo que conservei também Joseph, que é da tribo galoa, ao passo que o outro é pahuin.

Aos poucos se vai organizando o trabalho. Minha mulher ocupa-se dos instrumentos e dos preparativos para as operações cirúrgicas, nas quais atua como assistente. Além disso, toma conta do material de curativo e dos uniformes das operações.

As consultas principiam às oito e meia da manhã. Os doentes esperam sentados em bancos, na sombra projetada pela casa e diante do galinheiro onde trabalho. Todas as manhãs um dos enfermeiros repete o regulamento do médico, que estipula o seguinte:

1. É proibido cuspir ou escarrar perto da residência do doutor.
2. É proibido conversar em voz alta enquanto cada qual espera a sua vez.
3. Os doentes e seus acompanhantes devem trazer comida que dê para um dia, pois é impossível tratar a todos de manhã.
4. Os que passarem a noite no terreno do posto sem autorização do doutor serão mandados embora sem medicamentos. (Sucede de fato que doentes vindos de longe se esgueiram durante a noite pelo dormitório dos meninos, os expulsam e lhes tomam os lugares.)
5. Os frascos e as latas em que são fornecidos os medicamentos devem ser devolvidos depois.
6. Salvo em caso de urgência, não se deve procurar o doutor desde o momento em que o navio sobe o rio no meado de cada mês até que desça. Durante esses dias o doutor escreve para a Europa encomendando bons remédios (o navio passa no meio do mês trazendo a mala postal da Europa e, dias depois, ao descer, pega a nossa mala postal de Lambaréné).

Esses conselhos e avisos são proclamados em galoa e em pahuin de forma muito intrincada que os transformam num verdadeiro discurso. Os ouvintes pontuam cada frase com meneios de cabeça aprovadores. Por fim, recomenda-se que todos expliquem bem essas instruções do médico em todas as aldeias situadas nas margens do rio e dos lagos.

Ao meio-dia e meia, o enfermeiro anuncia: "O Doutor precisa almoçar". Os ouvintes tornam a menear as cabeças, e eles próprios se dispersam para comer bananas, na sombra, voltando depois às duas horas da tarde. Às seis horas, quando a noite cai, é frequente ainda haver algumas pessoas que não foram examinadas e seu atendimento é adiado para o dia seguinte. Impossível pensar em prosseguir a consulta à luz das lâmpadas e às voltas com mosquitos que transmitem malária.

Ao partir, cada doente recebe um disco de papelão atravessado por um barbante e que leva um número correspondente no meu registro à inscrição do nome, da doença e dos remédios fornecidos. Assim, quando o doente volta, graças ao número, preciso apenas procurar a página correspondente para me inteirar sobre o seu caso, o que evita um novo interrogatório que me faria perder tempo. Meu livro de registros indica igualmente o número de frascos, latas e objetos de curativo que foram entregues ao paciente. Esse processo permite reclamar a restituição dos objetos que, aliás, não me são devolvidos a não ser na metade dos casos. Nessas paragens o valor dos frascos e das latas é considerável, e apenas aqueles que já tiveram de embalar medicamentos na selva podem compreender o que estou dizendo.

A umidade atmosférica é tão forte que os medicamentos, remetidos na Europa em caixas de papelão, se conservam aqui somente dentro de frascos bem arrolhados, ou em latas metálicas bem tampadas. Tal lembrança não me ocorreu por ocasião dos preparativos de partida e, em urgências, sou obrigado a discutir com os meus doentes por causa duma lata que dizem ter esquecido ou perdido. Em sucessivas cartas peço aos amigos da Europa que recolham entre os conhecidos garrafas, frascos, tubos de vidro com rolhas e latas, seja qual for o tamanho. Como me sentirei feliz no dia em que puder contar com uma reserva suficiente desses objetos!

Quase todos os doentes trazem suspenso ao pescoço o disco de papelão numerado, com a placa metálica furada, atestando que pagaram ao governo o imposto anual de cinco francos *per capita*. Raramente esquecem ou perdem o disco. Alguns negros, principalmente os pahuins, os consideram uma espécie de amuleto.

O meu nome na linguagem galoa dos nativos é "Oganga", que quer dizer feiticeiro. Não há outra palavra para a profissão de médico, pois os curandeiros são ao mesmo tempo feiticeiros. Meus doentes acreditam em sua lógica que quem cura doenças também tem o poder de provocá-las, mesmo a distância. Essa ideia de atribuir à minha pessoa qualidades e poderes ao mesmo tempo benéficos e maléficos me causa estranhamento.

Não há meios de meus pacientes acreditarem que suas doenças têm uma causa natural. Cuidam que são motivadas por espíritos maus, pela magia maléfica dos homens e pelo "vermezinho". O vermezinho é para eles a encarnação da dor. Quando lhes pedimos que descrevam o que sentem, contam a história do "vermezinho" que se faz sentir primeiro nas pernas, que depois subiu à cabeça, passando para o coração e daí para o pulmão para, finalmente, se fixar no ventre. Todos os medicamentos devem ser dirigidos contra ele. Se acalmo as cólicas dum indivíduo dando-lhe tintura de ópio, o doente volta no dia seguinte todo radiante para me anunciar que o "vermezinho" foi expulso da barriga, mas que se encontra agora na cabeça e lhe devora os miolos, acrescentando que lhe devo portanto dar um remédio contra o "vermezinho" da cabeça.

Perco tempo enorme explicando-lhes como devem usar o medicamento. O intérprete lhes repete a explicação diversas vezes, obrigando-os por sua vez a dizê-la. Escrevo no frasco ou na lata para que, na aldeia, alguém que saiba ler possa repeti-la. Todavia, receio sempre que engulam duma só vez o conteúdo do frasco, ou que comam as pomadas e se friccionem com os pós.

Trato, em média, trinta a quarenta doentes por dia.

As doenças mais frequentes são: úlceras de diversas espécies, malária, doença do sono, lepra, elefantíase, doenças cardíacas, osteomielite e disenteria amebiana.

Para que o fluxo purulento das úlceras pare, os nativos salpicam as chagas com a casca pulverizada duma certa árvore. Forma-se então uma crosta sólida que impede que o pus corra e isso apenas agrava o problema.

Na enumeração dos males que noto com mais frequência, convém não esquecer a coceira (sarna) com a qual os negros sofrem cruelmente. Chegam-me pacientes que não conseguem dormir por semanas, tanto que lhes atormenta a comichão. Alguns arranham todo o corpo até se ferir, transformando a sarna em úlceras purulentas. O tratamento é muito simples. O doente banha-se no rio. Em seguida seu corpo é untado por inteiro com uma pomada que preparo com base de flor de enxofre (*Sulfur depuratum*), óleo de palmeira e restos de azeite de latas de sardinha, além de sabão. Dou-lhe uma provisão dessa pomada dentro duma antiga lata de leite esterilizada para outras duas aplicações em casa. O resultado é excelente. As comichões já cessam no dia seguinte. A minha pomada contra a sarna me tornou célebre nestas redondezas em poucas semanas.

Os nativos têm muita confiança na medicina dos brancos. Isso se deve em grande parte ao fato de que nossos missionários do Ogooué os trataram por mais duma geração com devotamento e em parte também com muita competência.

Urge citar em primeiro lugar a senhora Lantz, missionária alsaciana, falecida em 1906 em Talaguga, e o senhor Robert, missionário suíço em N'Gômô, que, tendo adoecido gravemente, seguiu para a Europa.

Dificulta muito as minhas atividades o fato de não poder arrumar senão poucos medicamentos no galinheiro onde trabalho. A cada consulta sou obrigado a atravessar o pátio, entrar no meu escritório e pesar ou preparar o remédio de que preciso, o que é muito fatigante e me rouba tempo.

Quando se poderá empreender seriamente a construção da barraca de zinco ondulado destinada ao hospital? Ficará terminada antes do grande período das chuvas do outono? Que farei se ela então ainda não estiver pronta? Será impossível trabalhar no galinheiro durante a época de seca.

Inquieta-me também já quase não dispor mais de medicamentos. A clientela é muito mais numerosa do que eu previa. Fiz grandes encomendas pelo correio de junho, mas os pacotes chegarão apenas dentro de três ou quatro meses. O quinino, a antipirina, o brometo de sódio, o salol e o dermatol já ficaram reduzidos a poucos gramas.

Mas que podem significar todas essas contrariedades passageiras comparadas à alegria de poder agir e realizar um socorro tão necessário? Por mais limitados que sejam os meios de que disponho, o que posso fazer já é ponderável. Citemos, por exemplo, os doentes portadores de úlceras que, uma vez submetidos a curativos eficientes, não são mais obrigados a pisar na lama com os pés feridos: eis um resultado jubiloso, pelo qual vale a pena tanto trabalho. Bem quisera que os benfeitores que remetem coisas da Europa pudessem estar aqui nas segundas-feiras e quintas-feiras, dias consagrados aos curativos sistemáticos de úlceras, e assistissem à partida dos doentes logo depois dos curativos, descendo uns a pé, outros transportados até o flanco da colina, ou que vissem com que gestos eloquentes uma idosa cardíaca me conta como o meu remédio (*digitális*) lhe permitiu readquirir o fôlego e o sono pois, graças a ele, o "vermezinho" fugiu para as pontas dos dedos dos pés!

Fazendo uma revisão nos meus dois meses e meio de trabalho nesta região, posso afirmar que um médico é absolutamente necessário aqui, pois os nativos das cercanias reclamam seus cuidados, podendo ele, com recursos relativamente modestos, proporcionar grandes benefícios.

A miséria é grande. Ainda um destes dias um moço me dizia: "Aqui não há uma pessoa que não esteja doente." Ao que comentou um velho soba: "Esta terra devora os seus próprios homens...".

CAPÍTULO IV

DE JULHO DE 1913 A JANEIRO DE 1914
Lambaréné, fevereiro de 1914

posto missionário de Lambaréné está construído em cima de três outeiros. O que está situado a montante do rio tem em seu cume os edifícios da escola dos meninos e, na parte íngreme de frente para o rio, o armazém da missão, bem como a maior das residências missionárias. No outeiro do meio se encontra a pequena casa do médico. A colina situada a jusante é reservada para a escola das meninas e para a segunda residência missionária. A floresta começa a vinte metros das casas. Vivemos, por consequência, entre a água e a selva, sobre três colinas, e a cada ano precisam ser defendidas contra a invasão do matagal que procura sempre retomar o que lhe foi arrancado. Ao redor das casas foram plantados pés de café, cacau, limão, laranja, tangerina, manga, coco e mamão. Os negros há muito chamam esse local aqui de Andende. Que gratidão sentimos pelos primeiros missionários que ao preço de tanto labor cultivaram essas árvores!

O posto missionário ocupa uma área de cerca de 600 metros de comprimento por 100 ou 200 de largura. De noite e aos domingos passeamos pelo terreno sem que precisemos sair. Como o calor é intolerável, quase nunca tomamos os atalhos por entre a selva e que vão dar nas aldeias próximas. De ambos os lados do estreito caminho, a floresta se ergue como dois muros impenetráveis de 30 metros de altura. Não perpassa a menor brisa. Durante a temporada seca vamos até os bancos de areia do rio que então emergem e aproveitamos a brisa ligeira que se desgarra da corrente.

O movimento e o ar nos fazem falta em Lambaréné da mesma maneira. Vive-se como numa prisão. Se pudéssemos derrubar um canto da selva que limita o posto do lado de baixo, por certo um pouco de vento do vale chegaria até nós. Mas não possuímos pessoal nem recursos financeiros necessários a tal empreendimento.

Pensou-se originalmente em construir o hospital em cima do outeiro onde se encontra a escola dos meninos. Mas achei esse lugar muito exíguo e afastado demais. Os missionários do posto prometeram-me um terreno aos pés do morro em que habito, perto do rio. Essa decisão devia ser confirmada pela conferência dos missionários convocada para o fim de julho em Samkita. Para lá segui, portanto, com os senhores Ellenberger e Christol, a fim de expor o meu ponto de vista. Foi a minha primeira viagem mais longa em uma canoa.

Partimos numa manhã brumosa, duas horas antes de clarear o dia. Na parte dianteira da embarcação íamos sentados, eu e os dois missionários, em cadeiras dobráveis dispostas uma atrás da outra. No vão médio estavam colocadas as nossas marmitas, camas de acampamento dobradas, colchões e bananas, que constituem a provisão de viagem dos

ENTRE A ÁGUA E A SELVA

negros. Na parte anterior estavam dispostos em duas filas os remadores, doze ao todo, cujo canto ritmado saudava o início da viagem e os passageiros, entremeando-se queixas sobre o trabalho tão matinal e o dia pesado que estaria a sua frente.

Em geral são precisas dez ou doze horas para percorrer os setenta quilômetros que nos separam de Samkita, mas como a embarcação seguia muito pesada, era de calcular que necessitaríamos mais algumas horas desta vez.

Já amanhecia quando largamos o braço do rio e entramos na grande corrente. Ao redor de enormes bancos de areia, a uma distância de cerca de 300 metros, vimos algumas sombras que se deslocavam na água. Ao mesmo tempo o canto dos remadores cessou, como se eles obedecessem a uma ordem. É que os hipopótamos estavam tomando banho matinal. Os nativos os temem muito e dão mesmo grandes voltas para evitá-los, pois esses animais são de índole volúvel e se comprazem às vezes em virar as canoas.

Certo missionário instalado antigamente perto de Lambaréné tinha a mania de caçoar das apreensões dos seus remadores e os forçava a aproximar a canoa dos hipopótamos. Uma ocasião, quando ele repetia seus gracejos otimistas, a canoa foi lançada ao ar por um desses animais que emergiu inesperadamente, tendo o missionário e o seu bando grande dificuldade para se safar. A bagagem perdeu-se totalmente. O missionário fez serrar do fundo grosso da embarcação a parte que o animal esburacou, e ainda a conserva como lembrança admoestadora. Essa história que se passou há alguns anos é contada a todos os brancos que atiçam seus remadores a se aproximarem dos hipopótamos.

Os nativos navegam sempre perto duma das margens, pois a corrente aí é mais fraca. Às vezes há mesmo uma corrente em sentido contrário. Deslizam rente à margem, permanecendo o maior tempo possível sob a sombra das árvores que se curvam sobre as águas.

A canoa não tem leme. O remador da popa a vai dirigindo sempre de acordo com o outro remador, que fica na proa e que presta atenção nos escolhos, rochas e troncos do percurso.

Os inconvenientes mais desagradáveis de tais travessias são a luz e o calor refletidos pelas águas. Tem-se a impressão de ser assaltado por flechas de fogo lançadas pelo espelho reverberante das ondas.

Para acalmar a sede, levamos conosco três formidáveis abacaxis por pessoa.

As moscas tsé-tsé irrompem logo que surge o sol. Voam só durante o dia. Comparados com elas, os piores mosquitos viram seres inofensivos. A mosca tsé-tsé tem cerca duma vez e meia o tamanho da nossa mosca comum, com a qual se parece, excetuando as asas que, em vez de serem paralelas, lhes recobrem o corpo como duas lâminas duma tesoura.

Na ânsia de sugar sangue, a mosca tsé-tsé atravessa com sua picada os tecidos mais grossos. É tão prudente quanto traiçoeira, raramente a mão consegue apanhá-la ou açoitá-la. Assim que sente que o corpo sobre o qual está pousada faz o mínimo movimento, ela voa e se esconde contra as paredes da canoa.

Seu voo é silencioso. A gente só se pode defender meneando pequenos espanadores. É esperta demais para pousar numa superfície clara, onde logo seria descoberta. A melhor maneira de preservação é andar com roupas brancas.

Vi essa regra se confirmar durante a nossa viagem. Dois do nosso grupo estavam vestidos de branco, ao passo que o terceiro usava roupa cáqui. Aqueles não foram incomodados pela mosca tsé-tsé, ao passo que este era a todo instante aborrecido por uma delas. Os que mais sofreram foram os negros.

É sabido que a *Glossina papalis*, que propaga a doença do sono, pertence às tsé-tsé.

Paramos ao meio-dia numa aldeia nativa. Enquanto comíamos nossas provisões, os remadores assavam suas bananas. Bem desejaria que tivessem uma nutrição mais fortificante, dado o duro trabalho que deviam fornecer ainda.

Chegamos a Samkita já tarde da noite.

A conferência, que durou uma semana, causou-me excelente impressão. Experimentei sensação de grande reconforto na companhia desses homens, que se sacrificaram tanto para se dedicar aos nativos. Fez bem ao meu coração essa atmosfera revigorante e abnegada.

Minha proposta foi calorosamente aceita. O local designado receberá, portanto, a barraca de zinco ondulado e mais outros edifícios do hospital. A missão doará cerca de dois mil francos para a construção.

No regresso, atravessamos duas vezes o rio, para evitar os hipopótamos. Um deles apareceu à tona da água, a uns 50 metros de distância.

Só ao anoitecer foi que atingimos o pequeno braço do rio. Foi preciso mais de uma hora para se procurar a passagem entre os bancos de areia; por diversas vezes os remadores se viram obrigados a descer da canoa a fim de desprendê-la do fundo.

Enfim, curso livre. O canto dos remadores torna-se um berreiro e ao longe luzes descem em zigue-zagues para depois pararem, formando um grupo. São as senhoras de Lambaréné, munidas de lanternas, que vêm ao desembarcadouro ao encontro dos viajantes.

A canoa fende as ondas e entra na praia com um grande empurrão. Grito de triunfo bradado pelos remadores! Inúmeras mãos negras se estendem para as caixas, as camas, as cantinas e os legumes trazidos de Samkita. "Isto é do senhor Christol! Isto aqui pertence ao senhor Ellenberger! Pegue, é do doutor! Têm de ser dois, é muito pesado para um só! Cuidado, não jogue. Preste atenção no fuzil. Cuidado, não aqui, ali!"

Finalmente a carga toda é levada para as diferentes casas e subimos o morro, alegremente.

Primeiro que tudo se fez necessário nivelar o local destinado ao hospital, retirando alguns metros cúbicos de terra. A missão teve grande dificuldade e urgência em recrutar gente para tal trabalho, arranjando cinco operários cuja preguiça era assombrosa. Acabei perdendo a paciência. O senhor Rapp, um comerciante de madeiras, meu conhecido, havia chegado com uma caravana para explorar as florestas circunvizinhas, onde queria obter concessões, e instalara-se na missão católica, na qual fazia sua correspondência. Ao meu pedido prontificou-se a pôr à minha disposição oito dos seus carregadores mais robustos, aos quais prometi bom salário. Eu próprio empunhei uma picareta, dando o exemplo, enquanto o feitor negro da turma, deitado à sombra duma árvore, se dignava dirigir-nos de vez em quando algumas palavras de encorajamento.

Ao cabo de dois dias de trabalho árduo, conseguimos desaterrar o local, nivelando o local. Os trabalhadores retiraram-se, munidos de seus salários. Apesar das minhas recomendações, infelizmente converteram todo o dinheiro em cachaça que compraram numa feitoria; só chegaram ao dormitório altas horas da noite, completamente embriagados, o que os impediu de trabalhar no dia seguinte.

Já agora a construção do hospital pode começar.

oseph e eu nos encarregamos sozinhos da tarefa. N'Zeng, tendo partido de licença para a sua aldeia no mês de agosto, não reentrou na época marcada e foi despedido. Joseph recebe 70 francos por mês; em Cabo Lopez recebia 120 como cozinheiro e custa-lhe admitir, coitado, que as profissões liberais sejam muito menos retribuídas do que as outras.

As doenças cardíacas não cessam de me surpreender. Os nativos, por sua vez, se espantam que eu saiba quais são os seus males depois de os auscultar. "Desta vez creio que temos um médico de verdade!", exclamou não faz muito tempo uma senhora cardíaca, falando com Joseph. "Ele sabe que com frequência não posso respirar direito de noite e que meus pés vivem inchando. E eu nem lhe disse nada, nem ele sequer olhou para os meus pés."

Quanto a mim, cada vez me convenço mais de que os remédios cardíacos da medicina moderna são qualquer coisa de verdadeiramente maravilhoso.

Administro-os em doses diárias dum décimo de miligrama de digitalina durante semanas e meses, e estou satisfeitíssimo com os resultados obtidos por esse método.

É verdade que o tratamento dos cardíacos é mais fácil aqui do que na Europa. Se lhes prescrevo diversas semanas de repouso, nenhum deles me objeta que perderá seu ganha-pão ou seu emprego, pois "se assentam" nas respectivas aldeias e são tratados por suas famílias.

Relativamente, aqui há muito menos doentes mentais do que na Europa. Contudo, já tratei duma meia dúzia. Causam-me grandes cuidados, pois não sei onde abrigá-los. Se os guardo no posto, fazem grande escarcéu a noite inteira, e sou obrigado a me levantar a todo instante para acalmá-los por meio de injeções hipodérmicas. Lembro-me de certas noites que me fatigaram sobremaneira.

Durante a estiagem fica fácil achar uma solução para tal problema. Faço os meus doentes mentais acamparem, com seus acompanhantes, num grande banco de areia situado a uns seiscentos metros de distância.

A sorte dessas pobres pessoas é medonha aqui. Os nativos não sabem como se resguardar dos seus. Não há prisão, pois de uma cabana de bambu não é difícil um doente mental fugir. Então os amarram por meio de cordas de ráfia, o que aumenta ainda mais sua agitação. Acabam por se desembaraçar delas, empregando este ou aquele recurso.

Um missionário de Samkita me contou que, certo domingo, há dois anos, ouviu da casa onde dormia uma imensa gritaria na aldeia vizinha. Pôs-se a caminho para ver do que se tratava, mas encontrou um nativo que lhe disse não ser nada, apenas berros de crianças porque os pais lhes retiravam bichos-do-pé, que ele podia voltar tranquilamente para casa. E assim o fez, mas no dia seguinte soube que haviam jogado no rio um louco com os pés e as mãos amarrados.

Já era noite a primeira vez que me vi diante dum doente mental na África. Tinham-me chamado e conduzido até diante duma palmeira em cujo tronco estava amarrada uma velha. A família inteira se achava sentada ali perto, ao redor duma fogueira.

Atrás se erguia a sombra escura da mata virgem, numa dessas belas noites africanas. O céu, todo estrelado, clareava um pouco a cena. Ordenei que retirassem as amarras. Os que estavam à volta obedeceram, mas com medo e hesitação. Assim que a velha se sentiu livre se jogou contra mim, agarrou a minha lanterna e a jogou longe. Os nativos correram para todos os lados, gritando, mesmo quando a velha, que eu segurava pela mão, obedeceu às minhas ordens. Sentou-se tranquilamente no chão e estendeu o braço, consentindo que eu lhe fizesse uma injeção de morfina e escopolamina. Depois se deixou levar por mim a uma cabana, onde daí a pouco dormiu pacificamente.

Tratava-se dum delírio maníaco, com crises periódicas. Após duas semanas de tratamento estava curada por algum tempo. Com isso se propagou a notícia de que o doutor era um grande mágico, até mesmo capaz de curar todos os loucos.

Infelizmente, pude verificar logo depois que existem aqui casos de delírio maníaco contra os quais os nossos remédios são quase ineficazes. Trouxeram-me um velho amarrado com cordas que lhe cortavam profundamente as carnes, estando seus pés e suas mãos cobertos de sangue e ulcerações. Com grande espanto meu, as maiores doses de morfina, escopolamina, hidrato de cloral e bromureto não causaram nenhum efeito. Já no segundo dia, Joseph me disse: "Acredite em mim, doutor, ele ficou maluco porque o envenenaram. Nem adianta tratá-lo. Irá enfraquecendo cada dia mais até a morte". Os fatos deram-lhe razão. Ao cabo de duas semanas o doente veio a falecer. Soube por um padre da missão católica que esse homem outrora raptava mulheres e que, por isso, o haviam perseguido e envenenado.

Pude acompanhar um caso idêntico desde o seu começo. Certo domingo à noite trouxeram numa canoa uma mulher que se torcia com convulsões. Primeiro pensei num simples caso de histeria. Mas no dia seguinte a agitação maníaca se juntou ao quadro da tetania. Durante a noite a mulher começou a fazer escarcéu e a gritar. Também nesse caso os calmantes quase não fizeram efeito; suas forças diminuíam rapidamente. Os nativos acreditavam que ela houvesse sido envenenada, mas me foi impossível verificar isso direito.

Segundo o que ouço dizer, deve ser verdade que aqui nesta região se servem muito de venenos. Mas seu uso é ainda muito mais frequente ao sul destas paragens. As tribos que vivem entre o Ogooué e o Congo têm má reputação por causa disso. Mas também é verdade que os nativos atribuem a envenenamentos numerosas mortes repentinas ou inexplicáveis.

Em todo o caso, deve haver por aqui sucos vegetais que possuam efeitos particularmente excitantes. Pessoas dignas de fé asseguraram que os nativos podem, depois de haver mastigado certas folhas ou raízes, remar vigorosamente um dia inteiro sem sentir fome nem sede, ou mesmo cansaço, manifestando alegria e disposição sempre crescentes.

Espero, com o tempo, vir a obter maiores minúcias sobre essas substâncias, muito embora não me venha a ser muito fácil, já que tudo isso é mantido sob estrito segredo. Aquele sobre o qual paire a suspeita de haver desvendado qualquer coisa, principalmente se for um branco, pode estar certo de que não escapará ao veneno.

Foi de maneira singular que soube, por intermédio de Joseph, que os feiticeiros se servem de veneno para manter sua autoridade. Em meados da estação seca, os moradores de sua aldeia partiram para pescar num banco de areia situado a três horas de viagem, rio abaixo. Esses dias de pescaria lembram as festas da colheita do Antigo Testamento, em que o povo "se rejubila diante de Deus". Jovens e velhos passam durante duas semanas no banco de areia, debaixo de tendas feitas com ramos de árvores, comendo a toda hora do dia peixe fresco cozido, assado ou frito. E o peixe que sobra é desidratado e defumado. Quando tudo corre bem, os habitantes duma aldeia levam para casa até mesmo dez mil peixes defumados. Quando se fala em peixe, os olhos de Joseph se arregalam. Resolvi, pois, deixá-lo seguir a gente de sua aldeia, em canoa, na primeira tarde da pescaria, e pus à sua disposição um barrilete no qual poderia trazer alguns peixes para o patrão.

Ele, porém, não deu mostra de grande entusiasmo. Fiz-lhe então algumas perguntas e descobri as razões. No primeiro dia não se pesca, apenas se consagra o lugar. Os "anciãos" derramam cachaça no rio e jogam folhas de tabaco nas águas para que os espíritos maus se tornem favoráveis e se disponham a fazer os peixes entrar nas redes sem causar mal a ninguém. É que, há alguns anos, omitiram essas cerimônias e uma velha tropeçou numa rede e se afogou. "Mas quase todos vocês são cristãos e não acreditam nisso", ponderei. "É claro", respondeu-me ele. "Mas quem ousar dizer qualquer coisa contra tais costumes, ou zombar enquanto sacrifica aos espíritos álcool e tabaco, será certamente envenenado, cedo ou tarde. Os feiticeiros não perdoam e vivem entre nós sem que saibamos." Permaneceu, pois, em casa no primeiro dia e consenti que descesse no dia em que bem quisesse.

Ao medo pelo veneno também vem o medo pelo poder malévolo e sobrenatural que um homem pode exercer sobre outro. Acreditam os nativos que existem processos para se adquirir força mágica. Aquele que dispuser dum verdadeiro feitiço é todo-poderoso. Terá sorte na caça, enriquecerá, poderá atrair a desgraça, a doença e a morte sobre aquele que quiser lesar.

O europeu jamais saberá a que ponto é terrível a vida desses desgraçados que estão sempre com medo de sortilégios dirigidos contra eles. Apenas os que testemunharam de perto tal miséria compreendem que é um dever da humanidade ensinar aos povos primitivos outra concepção do mundo e da vida, livrando-os assim de suas credulidades funestas. Mesmo os maiores céticos se tornariam amigos das missões se pudessem constatar estes fatos *in loco*.

Que é feitiçaria? A feitiçaria nasceu do sentimento do medo no homem primitivo. Este quer possuir um encantamento que o proteja contra os maus espíritos, os espíritos dos mortos, contra o poder maléfico dos seus semelhantes e atribui certo poder protetor a determinados objetos que traz sempre consigo. Propriamente não rende culto ao amuleto, mas procura utilizar-se das virtudes sobrenaturais desse objeto que lhe pertence.

Em que consiste um amuleto? Tudo quanto é de natureza insólita passa por ser mágico. Um amuleto compõe-se duma série de objetos reunidos num saquinho, numa caixa ou num chifre de boi. Seus elementos habituais são penas de pássaros vermelhos, torrões de terra encarnada, garras e dentes de leopardos e... sinetas europeias de forma antiga, provenientes do comércio de permuta do século XVIII. Um negro formou uma pequena plantação de cacau diante do posto missionário. O amuleto que deve protegê-la acha-se suspenso numa árvore, dentro duma garrafa bem arrolhada. Hoje se fecham os amuletos preciosos dentro de latas para os pôr ao abrigo dos cupins, pois as caixas de madeira não resistem por muito tempo aos insetos.

Há amuletos grandes e pequenos. Um amuleto grande compreende um fragmento de crânio humano. Mas é preciso que o homem, do qual esse fragmento foi extraído, tenha sido morto especialmente para a aquisição do dito fetiche.

Neste verão um velho foi assassinado na sua canoa, a duas horas do nosso posto. O assassino acabou sendo descoberto. Parece ter ficado comprovado que cometeu o crime para preparar um feitiço, graças ao qual esperava enternecer gente que lhe devia dinheiro e mercadorias!

Eu próprio possuo um amuleto cujas peças principais são dois fragmentos de crânio humano impregnados de tinta vermelha, e que me parecem ter sido trepanados dum osso parietal. Pertencia a dois doentes, marido e mulher, que há vários meses sofriam de graves insônias. O marido ouviu em sonhos diversas vezes uma voz lhe dizer que os dois não ficariam curados senão depois que levassem o feitiço herdado dos pais ao missionário Haug, de N'Gômô, a fim de lhe seguirem as instruções. Por fim fizeram o que foi ordenado. O senhor Haug mandou o casal me procurar e me presentear com os ossos. O casal permaneceu diversos meses em tratamento aqui comigo e quando teve alta estava sensivelmente melhor.

A ideia de que ossos do crânio humano, adquiridos especialmente para tal fim, possuem uma virtude mágica, deve provir da mais remota Antiguidade. Li recentemente numa revista médica que as trepanações observadas em crânios de tumbas pré-históricas não tinham relação nenhuma com tentativas cirúrgicas de tratamento de tumores do cérebro, e sim eram feitas para se obter peças de amuletos. O autor dessa afirmação me parece ter toda a razão.

Até agora, ao cabo de nove meses de minha atividade nesta região, já tratei perto de dois mil doentes e pude verificar que a maioria das doenças europeias lavra também nestas bandas. Contudo, ainda não vi casos de câncer nem de apendicite. Parece que não ocorrem entre os nativos da África equatorial.

Os resfriados são frequentíssimos aqui. No começo da estação seca ouve-se tanta gente espirrar e tossir durante o culto dominical em Lambaréné que isso lembra até aspectos de ofícios religiosos em igrejas na Europa por volta do Ano-novo.

Inúmeras crianças morrem de pneumonias negligenciadas.

Durante a estação seca as noites são um pouco mais frescas que o normal. Como os negros não dispõem de cobertas, sentem frio em suas choupanas e não conseguem dormir direito. No entanto, os europeus acham que ainda faz bastante calor, e durante essas noites frescas o termômetro marca sempre 18 ºC. Mas a umidade do ar causa arrepios e uma sensação de frio desagradável aos nativos, sensíveis por causa da abundante transpiração durante o dia. Os próprios brancos sofrem continuamente de resfriados e de coriza.

Num manual de medicina tropical encontrei esta frase paradoxal: "Sob o sol dos trópicos é preciso principalmente tomar cuidado contra os resfriados". Ela contém uma boa parte de verdade.

O que é sobremodo funesto aos nativos é o hábito de acampar em bancos de areia durante temporadas de pesca no verão. A maioria dos velhos morre de pneumonias contraídas durante esses dias de folga.

O reumatismo é mais espalhado aqui em geral do que na Europa. Tenho encontrado diversos casos de gota. E todavia os nativos não levam uma vida de esbórnia. Não se pode dizer que se entregam aos excessos da carne porque, à exceção dos dias em que consomem peixe, vivem quase que só de bananas e raízes de mandioca.

Jamais esperaria ter de tratar aqui intoxicações crônicas causadas pela nicotina. No começo, não sabia a que causa atribuir casos de constipação intestinal grave, acompanhada de distúrbios nervosos e que todos os purgativos só conseguiam piorar. Observando e fazendo perguntas minuciosas a um funcionário negro, fortemente intoxicado, acabei descobrindo que me achava na presença dum caso de abuso de tabaco. O homem ficou rapidamente curado. E isso trouxe ao caso muita notoriedade, pois ele sofria havia muitos anos e estava quase incapacitado de trabalhar. Desde esse episódio passei a perguntar a cada doente sofredor de constipação intestinal crônica: "Quantos cachimbos fumas por dia?". E dentro de poucas semanas aprendi a conhecer as doenças locais causadas pela nicotina.

O tabaco chega aqui em folhas e até certo ponto serve de troco. Compram-se, por exemplo, dois abacaxis por uma folha de tabaco valendo cerca de cinco centavos. Todos os pequenos serviços são pagos com folhas de tabaco. São de qualidade bem ordinária e dum forte teor em nicotina. Sete folhas de tabaco entrelaçadas formam uma "cabeça de tabaco", que vale mais ou menos cinquenta centavos. O tabaco é importado da América nessa forma, chegando em grandes caixas. Quando se parte em viagem não se leva dinheiro, e sim uma caixa com folhas de tabaco que vão sendo trocadas no caminho por víveres destinados aos remadores. E para impedir que o valioso conteúdo da caixa seja roubado, a pessoa viaja sentada em cima dela durante o trajeto de canoa. Esse "tabaco de negociação" é muito mais forte que o dos brancos.

É entre as mulheres que constato maior proporção de intoxicações pela nicotina. Joseph explica-me que os negros sofrem muito de insônia e fumam a noite toda para ver se ficam zonzos. Durante as viagens de canoa, o cachimbo passa de boca em boca. Quando se quer que os remadores deem mais velocidade à canoa, prometem-se duas folhas de tabaco a cada um, e assim se pode ter certeza de chegar uma ou duas horas antes ao destino.

Também os dentes dão muito sofrimento aos nativos. Temos numerosos doentes que sofrem de amolecimento dos dentes com gengivite purulenta causada por excesso de tártaro dentário. Com o tempo, todos os dentes ficam cariados e caem. Estranhamente essa afecção se cura muito melhor aqui do que na Europa, onde os métodos mais complicados nada alcançam seu objetivo. Tenho obtido bons resultados com pinceladas regulares duma solução alcoólica de timol. Porém, é preciso prestar atenção e ter muito cuidado para que o doente não absorva o líquido, pois é muito tóxico.

Os nativos admiram-se de que eu consiga extrair dentes que ainda não estão soltos. A torquês bem niquelada não inspira muita confiança a toda gente. Um soba, atormentado por um dente com cárie, não consentiu que eu lhe extraísse o dente sem que primeiro fosse ouvir a opinião de suas mulheres. Por certo o conselho familiar chegou a uma decisão negativa, pois o doente não me apareceu mais.

Outros, pelo contrário, pedem que lhes arranque todos os dentes e lhes faça vir outros novos da Europa. Diversos anciãos já receberam, de fato, dentaduras por intermédio dos missionários. Esses dentes feitos "pelos brancos" são muito invejados pelos outros velhos.

Os tumores abdominais são aqui bastante frequentes nas mulheres. Averiguei diversos casos de histeria.

Em vão esperei sempre não ter que fazer operação séria antes de terminada a minha barraca médica. No dia 15 de agosto fui obrigado a operar uma hérnia estrangulada durante a noite. Este homem, chamado Ainda, me suplicou que interviesse, porque, como todos os nativos, conhecia bem os perigos do seu estado. E, realmente, não havia tempo a perder. Juntamos às pressas os instrumentos que se achavam espalhados pelas diversas caixas. O senhor Christol pôs a meu dispor como sala de operação o dormitório dos seus meninos. Minha mulher foi encarregada da anestesia; um missionário atuou como assistente. Fiquei profundamente comovido com a confiança com a qual Ainda se estendeu sobre a mesa de operação. Tudo decorreu bem, melhor mesmo do que eu ousaria esperar.

Um médico militar que parte para a Europa em férias inveja eu ter sido bem assistido por ocasião da minha primeira herniotomia. Tendo-se visto em igual emergência, foi ajudado por um prisioneiro que administrava o clorofórmio e outro que passava os instrumentos, Deus sabe como. A cada movimento dos prisioneiros, as correntes em seus pés rangiam. É que seu enfermeiro caíra doente e não havia mais ninguém para substituí-lo. A assepsia foi por certo imperfeita, mas o doente sarou.

Acabava eu de escrever o trecho acima, nesta tarde de 10 de janeiro, quando tive de ir às pressas ao cais. A senhora Georges Faure, missionária em N'Gômô, gravemente acometida pela malária, chegava numa lancha a motor. Mal terminava a minha primeira injeção de quinina, eis que uma canoa me trazia um rapaz cuja perna direita havia sido fraturada e horrivelmente lacerada por um hipopótamo, no lago de Sonanguê.

Voltava para casa com um companheiro, vindo da pesca. Próximo às margens da sua aldeia, um hipopótamo veio à tona subitamente e lançou a canoa no ar. Seu camarada pôde salvar-se; quanto a ele, perseguido na água durante meia hora pelo animal furioso, conseguiu enfim atingir a margem, apesar de estar com a perna fraturada. Temi uma forte infecção, pois, para a viagem de doze horas em canoa, lhe enrolaram a perna dilacerada em panos sujos.

Aconteceu-me com os hipopótamos uma aventura que, felizmente, acabou bem. Num fim de tarde de outono um lavrador mandara me chamar. Para chegar onde ele morava tínhamos de passar por um estreito canal de 50 metros de comprimento e onde a correnteza era impetuosa. Lá na extremidade percebemos de longe dois hipopótamos. Para o regresso, já de noite, os proprietários da feitoria me aconselharam a dar uma volta, que levaria duas horas, a fim de evitar os hipopótamos e o canal estreito. Mas os remadores estavam tão cansados que não lhes quis impor esse aumento de trajeto. Mal estávamos na entrada do canal e os dois hipopótamos emergiram a trinta metros diante de nós. Seus rugidos me lembravam, embora mais estridentes, o som que crianças conseguem quando sopram dentro dum regador. Os remadores dirigiram-se logo para uma das margens, onde a correnteza era menos violenta; os hipopótamos nos acompanharam, nadando ao longo da outra margem. Avançávamos a bem dizer centímetro após centímetro. Era maravilhosamente belo e estimulante. Alguns troncos curvos de palmeiras emergiam no meio da corrente e vacilavam como caniços. Na margem, a selva erguia seu muro negrejante. Um luar deslumbrante aclarava todo o cenário. Os remadores, ofegantes, encorajavam-se em voz baixa; e os hipopótamos erguiam as cabeças disformes acima da água e nos lançavam olhares furiosos.

Ao fim dum quarto de hora saímos do canal e descemos pelo pequeno braço do rio. Os hipopótamos nos enviaram um rugido de adeus. Jurei nunca mais poupar uma volta de duas horas para evitar encontrar-me com tão surpreendentes animais. Mas não me arrependo de haver vivido esses momentos de inquietante beleza.

No dia 1º de novembro fui chamado de novo a N'Gômô. A senhora Faure, tendo por distração andado ao ar livre sem sua touca, estava acometida de febre, e apresentava outros sintomas preocupantes.

O senhor que me advertira a bordo tinha razão: nosso grande inimigo na África é o sol. Numa feitoria, um branco, tendo-se deitado depois do almoço, ficou alguns instantes exposto aos raios do sol que passaram por uma abertura do telhado. Foi o que bastou para lhe sobrevir uma febre forte acompanhada de delírio.

Outro europeu perdeu o capacete quando sua embarcação virou; mal conseguiu trepar na embarcação virada e manter-se a cavalo sobre a proa, lembrou-se do perigo a que estava exposto. Tirou a camisa e cobriu a cabeça. Mas já era tarde demais, sobreveio-lhe uma insolação.

O condutor dum pequeno vapor comercial teve de executar um reparo na quilha dum barco exposto no areal. No ardor do trabalho não reparou, apesar de estar com o capacete, que o sol lhe batia sobre a nuca. Esteve a dois dedos da morte.

Um branco que já tivera certa vez um ataque de insolação foi bastante amável e se ofereceu no posto de N'Gômô para ir buscar-me com sua pequena lancha. Minha mulher acompanhou-me para cuidar da senhora Faure.

Seguindo o conselho dum médico colonial de muita experiência, tratei a insolação como se o caso fosse ao mesmo tempo de malária, e apliquei uma injeção intramuscular de quinino. Está demonstrado que a insolação é perigosa principalmente em pessoas infectadas pela malária.

Além disso, em casos desse gênero, o doente que não engole nada e vomita tudo deve ainda assim tomar líquidos para prevenir o perigo duma lesão dos rins que pode ocasionar a morte. A melhor maneira de se conseguir isso consiste em injetar hipodermicamente, ou por via venosa, meio litro de água destilada e esterilizada com quatro gramas e meio de sal de cozinha do mais puro.

De volta de N'Gômô tivemos a surpresa de saber que a barraca de zinco ondulado do hospital estava pronta. Quinze dias mais tarde sua arrumação interior estava igualmente pronta nas partes essenciais. Joseph e eu fizemos a mudança do que até então permanecera no galinheiro, e tratamos da instalação no novo prédio, com a preciosa ajuda de minha mulher.

Os dois missionários-artesãos, os senhores Kast e Ottmann, merecem enormes agradecimentos por esta construção. O senhor Kast é suíço e o senhor Ottmann é argentino. Foi ótimo poder discutir com eles todos os pormenores. Eles tiveram a amabilidade de levar em conta todas as considerações ditadas pelas exigências médicas. A nossa barraca, por mais simples e exígua que seja, está assim concebida de maneira extremamente prática. Aproveitamos todos os cantos.

Ela tem duas salas, medindo cada qual quatro metros por quatro; a da frente serve de consultório; a de trás, de sala de operação. Além disso há duas pequenas salas contíguas colocadas rente ao teto projetado; uma serve de farmácia e outra, de laboratório para as esterilizações.

O chão é cimentado. As janelas são bem largas e altas, atingindo quase o teto. Essa disposição não permite que o ar quente fique aprisionado entre as paredes, pois o obriga a sair. Todos se admiram de que a minha barraca seja fresca. Nos trópicos tais barracas de zinco têm fama de acumular um calor insuportável.

As janelas não são guarnecidas de vidro, e sim de finíssimas redes metálicas contra a entrada dos mosquitos. Venezianas são necessárias por causa dos temporais.

Ao longo das paredes foram dispostas prateleiras largas. Várias delas são feitas em madeiras de lei. Não dispúnhamos mais de tábuas ordinárias; sairia muito mais caro serrar pedaços novos que utilizar as melhores disponíveis que tínhamos em reserva; de mais a mais, isso retardaria de várias semanas o trabalho.

Sob o telhado, à guisa de teto, um tecido branco, bem esticado, impede que os mosquitos entrados pelas frestas da cobertura penetrem nos cômodos.

Em meados de dezembro, a sala de espera e outra barraca destinada a hospitalizar os doentes ficaram prontas. Essas duas construções foram feitas como as cabanas dos nativos, em madeira rústica e folhas de ráfia entrecruzada. Boa parte da construção foi dirigida por mim, ajudado pelos conselhos do senhor Christol. O dormitório dos doentes mede treze metros de comprimento por seis de largura. Uma cabana de tamanho regular serve de habitação a Joseph.

Essas construções ladeiam um caminho de cerca de 25 metros, que se estende da barraca de zinco a uma baía, onde abordam as canoas dos doentes. Uma magnífica mangueira estende sua sombra sobre essa baía.

Depois de terminado o telhado da enfermaria, desenhei no chão argiloso com uma bengala pontuda dezesseis grandes retângulos; cada um deles representava uma cama. Entre as duas filas tracei o corredor.

E então foram chamados os doentes e suas famílias que até então se hospedavam em condições precárias no galpão das canoas do posto. Cada doente foi colocado dentro dum desses retângulos, tendo assim o local do seu leito. Os parentes receberam machados para arranjar madeira para as camas. Uma corda de fibra amarrada em duas estacas indicava a altura que as camas deviam ter.

Um quarto de hora mais tarde as canoas vogavam para baixo e para cima para buscar madeira.

Ao anoitecer as camas estavam prontas. São feitas de quatro estacas sólidas terminadas em suportes de entalhe sobre os quais se encaixam fortes réguas entrecruzadas, todo o conjunto amarrado com fibras de lianas. Erva seca enche os colchões.

Os leitos ficam a meio metro de altura do chão para que embaixo possam ser colocados caixotes, utensílios de cozinha e bananas. Sua largura permite que duas ou três pessoas deitem uma ao lado da outra. Os doentes trazem seus mosquiteiros. Quando não sobram camas, os acompanhantes dormem no chão.

Na enfermaria não ocorre a divisão entre homens e mulheres. Os nativos acampam como de costume. Apenas mando vigiar para que os que estão bem de saúde não forcem os doentes a dormir no chão para lhes deixar vagas as camas.

Como uma enfermaria só não basta para albergar os meus doentes, preciso quanto antes construir outras cabanas. Necessito também de local para isolar doentes contagiosos, principalmente os disentéricos. Portanto, além da clínica, não me faltam outras tarefas.

Não posso hospitalizar em caráter permanente os portadores de doença do sono, pois constituem um perigo para o posto missionário. Para tanto, construirei em lugar afastado na outra margem do rio uma cabana adequada para eles.

A barraca-hospital permite enfim que minha mulher desenvolva suas atividades. No galinheiro mal havia lugar para mim e Joseph.

Ela divide comigo a tarefa de iniciar Joseph na limpeza do instrumental e nos preparativos indispensáveis a cada operação. Além disso, dirige as seções de rouparia. As lavações e faxinas do hospital lhe dão muito trabalho, já que o material sujo e infectado precisa ser lavado a tempo e fervido demoradamente. Minha mulher chega à barraca às dez horas da manhã em ponto, zela pela manutenção da ordem e só se retira ao meio-dia.

É preciso saber quanto é complicada a rotina do lar mais simples da África para se fazer ideia do que significa para minha mulher a obrigação de dedicar a maior parte da manhã e algumas horas da tarde ao expediente médico-cirúrgico, pois também se encarrega da anestesia durante as operações.

A dificuldade decorre de duas razões: a separação rigorosa das funções especiais dos respectivos criados nativos e a pouca confiança que se lhes pode conceder. Vemo-nos na obrigação de ter três criados: um menino, um cozinheiro e um lavador. Impossível conseguir que três espécies de trabalho sejam feitas por um criado só, como seria bem viável em uma casa pequena, por exemplo. À roupa de casa junta-se enorme quantidade da roupa servida do hospital. Sem considerar esse fato, uma boa criada europeia poderia muito bem dar conta de tudo. O cozinheiro só se ocupa do que diz respeito à cozinha; quem lava e passa a ferro só trata disso; o menino apenas arruma as salas e o galinheiro. Qualquer dos três, uma vez terminado o seu trabalho, "descansa".

Vemo-nos obrigados a realizar o trabalho que não compete a uma profissão perfeitamente delimitada. Nestas bandas é impossível conseguir-se empregadas. A senhora Christol tem como ama seca de sua filhinha de dois anos um marmanjo de quatorze anos, chamado M'buru. Todos os empregados, mesmo os melhores, inspiram tão pouca confiança que evitamos expô-los à menor tentação. Em outros termos, não podemos nunca deixá-los sozinhos em casa. Enquanto aí trabalham, minha mulher se vê obrigada a ficar perto deles. Além disso, tudo quanto pode tentá-los tem de ser guardado debaixo de chave. De manhã é entregue ao cozinheiro a porção exata do que ele precisa para fazer a comida; tanto de arroz, tanto de gordura, tanto de batatas etc. Na cozinha permanece apenas uma pequena provisão de sal, farinha e condimentos. Sempre que ele se esquece de pedir alguma coisa de manhã, minha mulher se vê obrigada a deixar o hospital e subir até nossa residência para atendê-lo.

Os criados negros não se melindram pelo fato de ninguém os deixar sozinhos nos cômodos, de tudo ficar guardado debaixo de chave e de não lhes ser confiada a despensa. Eles próprios nos obrigam a observar essas medidas de cautela para que não venham a ser responsabilizados pelos eventuais furtos ou desaparecimentos. Joseph exige que eu feche com chave a farmácia, mesmo quando devo sair da barraca pelo espaço de dois minutos apenas para ir à enfermaria enquanto ele fica no consultório. Caso um europeu não tome precauções assim, os negros o roubam conscientemente. O que não estiver debaixo de chave "se evapora", conforme diz Joseph. Uma pessoa muito "relaxada" paga por seu descuido. O nativo tem o mau hábito de deitar a mão não somente no que tem algum valor para ele, como no que o atrai naquele instante. Roubaram do senhor Rambaud, missionário em Samkita, vários volumes duma obra que ele prezava muito. Da minha biblioteca desapareceu a transcrição para piano dos *Mestres cantores*, de Wagner, e o exemplar da *Paixão segundo São Mateus*, de Bach, no qual eu anotara o acompanhamento para órgão que havia elaborado com muito zelo! Essa sensação de falta de segurança contra roubos dos mais estúpidos põe às vezes uma pessoa em desespero. E a existência se torna terrivelmente complicada quando se tem de conservar tudo trancado e transformar-se num armário ambulante.

ENTRE A ÁGUA E A SELVA

Se nos deixássemos influir pelos negros, teríamos de operar todos os dias. Os portadores de hérnia brigam para saber quem primeiro vai para a lâmina. Mas por enquanto não vamos além de duas ou três operações por semana, do contrário minha mulher não teria tempo para dar conta de preparativos, limpeza e arrumação do instrumental. E nem eu estaria em condições de bastar para tanto trabalho. Às vezes sou obrigado a operar de tarde, depois ter feito curativos a manhã toda e dado consultas que vão até uma ou duas horas depois do meio-dia. Nesta região é imprudência uma pessoa sujeitar-se à mesma quantidade de trabalhos possíveis sob outras latitudes.

Joseph condescende em ajuntar tampões manchados de sangue depois das operações e em lavar instrumentos ensanguentados, um sinal que demonstra notável esclarecimento. Um nativo comum não toca em nada que esteja sujo de sangue ou de pus porque isso, do ponto de vista religioso, o torna impuro.

Em certas regiões da África equatorial, é difícil conseguir que os negros se deixem operar. Ignoro porque no vale do Ogooué os doentes se precipitam, literalmente, para a mesa de operação. Talvez explique isso o fato de um doutor Jorryguibert, médico militar que, anos atrás, se alojou na residência do administrador de Lambaréné, ter feito aqui com muito êxito uma série de operações. Colho agora o que ele semeou.

Não faz muito tempo, operei um caso muito raro que muito célebre cirurgião poderia invejar. Tratava-se duma hérnia estrangulada lombar, fazendo saliência nos espaços intercostais posteriores. O caso apresentava todas as complicações possíveis. Demorei tanto que a noite já caía quando terminei. Joseph precisou aproximar do campo operatório duas lanternas para que eu fizesse as últimas suturas. O doente se recuperou.

Causei aqui sensação ao operar um rapaz que, havia já um ano e meio, apresentava uma esquírola óssea enorme formando exostose na tíbia; isso provinha duma osteomielite. A secreção pútrida exalava um odor tão pestilento que ninguém aguentava permanecer perto do rapaz. Este, aliás, estava magro como um esqueleto. Agora está forte, sadio e já começa a dar os primeiros passos.

Até agora as minhas operações correram bem. A confiança dos nativos tem aumentado tanto que chega a me assustar.

O que mais os impressiona é a anestesia. Conversam muito a respeito disso. As meninas da nossa escola mantêm correspondência com uma escola dominical da Europa. Numa das cartas podia ler-se um trecho assim: "Desde que o doutor está aqui, temos visto coisas espantosas. Primeiro ele mata os doentes, depois os cura; em seguida os ressuscita".

A anestesia é para os nativos, de fato, a morte. Quando algum deles quer explicar-me que teve um ataque de apoplexia, diz: "Estive morto".

Há operados que manifestam sua gratidão bem objetivamente. O homem que operei no dia 15 de agosto de hérnia estrangulada fez uma coleta de vinte francos entre os parentes "para pagar ao doutor o fio caro com que ele me costurou a barriga". O tio do garoto operado de osteomielite, carpinteiro de profissão, trabalhou para mim durante quinze dias, fabricando armários feitos com tábuas de caixotes velhos.

Um negociante negro pôs à minha disposição sua turma de trabalhadores para que o telhado de minha residência ficasse pronto antes da época das chuvas.

Outro me visitou para agradecer o fato de eu ter vindo exercer a medicina aqui e me entregou vinte francos para o caixa do hospital.

ENTRE A ÁGUA E A SELVA

Certo doente presenteou minha mulher com um chicote de couro de hipopótamo. Que vem a ser isso? Quando se abate um hipopótamo, o couro, que tem dois centímetros de espessura, é cortado em tiras de quatro centímetros de largura por um metro e meio de comprimento. Depois se estendem as tiras torcendo-as em espiral e presas fortemente a uma tábua. Depois que secam tornam-se instrumentos temíveis de tortura, dum metro e meio de extensão, com arestas chanfradas e incrível elasticidade.

Há algumas semanas vivo ocupado em arrumar os medicamentos chegados em outubro e novembro. As reservas são guardadas numa pequena barraca de zinco ondulado existente no morro e que foi posta à minha disposição depois da partida do missionário Ellenberger. O tio do rapaz que operei me fez os armários e prateleiras necessárias. Esses móveis não são bonitos, porque foram feitos com tábuas provenientes de antigos caixotes ainda com as inscrições feitas para a travessia Bordéus-Lambaréné. Mas tenho onde arrumar tudo bem direito, e isso é essencial. Na África a gente acaba se tornando pouco exigente.

Exatamente quando me preocupava mais com os pagamentos relativos a essas remessas consideráveis de medicamentos, gaze e algodão hidrófilo, o correio de dezembro me trouxe a notícia de diversos donativos remetidos à minha obra. Que alívio! Como agradecer a esses caros amigos e a quantos se interessam por nosso empreendimento?...

Cada objeto me chega a Lambaréné mais ou menos pelo triplo do preço de aquisição na Europa. Tal encarecimento decorre do custo da embalagem que deve ser extremamente cuidadosa, das despesas do transporte por estrada de ferro, do embarque, do frete marítimo e fluvial, da alfândega colonial e das fortes perdas devidas ao grande calor e à umidade ou ao tratamento brutal durante o embarque e o desembarque.

Continuamos bem de saúde. Nem vestígios sequer de febre; mas estamos bem precisados de alguns dias de repouso.

No momento mesmo em que termino estas linhas, chega um velho atingido de lepra. Veio com a mulher da laguna de Fernão Vaz, situada ao sul do Cabo Lopez, e que se comunica com o Ogooué por um braço do rio. Estas duas pobres criaturas remaram contra a corrente cerca de trezentos quilômetros e estão tão extenuadas que mal se podem manter de pé.

Albert Schweitzer e suas prateleiras de remédios e suprimentos
Créditos: © Hulton-Deutsch Collection/CORBIS/Corbis (DC)/Latinstock

CAPÍTULO V

DE JANEIRO A JUNHO DE 1914
Lambaréné, fim de junho de 1914

assei o fim de janeiro e o começo de fevereiro em Talaguga, com minha mulher, para cuidarmos do missionário Hermann, atingido de furunculose generalizada e muita febre. Aproveitei o tempo para dar consultas aos doentes das cercanias.

Entre estes havia um menino que se mostrava muito assustado e se debatia, não querendo entrar na sala de consulta. Foi preciso que o arrastassem à força. Mais tarde vim a saber que ele acreditava que o doutor queria estrangulá-lo e comê-lo.

É que o pobrezinho conhecia a antropofagia não pelas histórias de amas, mas pela horrível realidade, pois mesmo atualmente tal costume não desapareceu de todo entre os pahuins. É difícil fazer averiguações sobre a atual frequência dessa prática, porque os nativos, temendo graves punições, guardam em segredo todos os casos. Faz algum tempo, um homem das redondezas de Lambaréné foi a aldeias afastadas cobrar certos devedores em atraso. Não retornou. Um trabalhador das proximidades de Samkita também desapareceu. Os que conhecem a região afirmam que "desaparecido" aqui é muitas vezes sinônimo de "devorado".

Os nativos ainda também não suprimiram entre eles a escravatura por completo, apesar dos esforços do governo e das missões. É verdade que ela não é praticada abertamente. Às vezes noto entre os acompanhantes dos meus doentes uma fisionomia cujos traços não são de negros estabelecidos por aqui ou pelas imediações. Pergunto se é um escravo, afirmam-me com um sorriso esquisito, que é apenas um "servidor".

A sorte dos escravos não declarados não é má: raramente padecem maus-tratos e também não pensam em fugir nem em procurar a proteção do governo. Se for aberto um inquérito, eles próprios afirmarão obstinadamente que não são escravos. São admitidos com frequência na comunidade da tribo ao cabo de alguns anos, fato esse que os emancipa e lhes outorga um novo direito de cidadania. E é esta última vantagem que importa antes de qualquer coisa.

A persistência da escravidão doméstica no baixo Ogooué resulta por certo da carestia que reina no interior. A África equatorial não possui cereais nem árvores frutíferas autóctones. A bananeira, a mandioca, o inhame, a batata doce e o dendezeiro não são da terra, mas trazidos das Antilhas pelos portugueses que, nesse sentido, foram grandes benfeitores da África equatorial. A fome é um regime permanente nas regiões onde esses vegetais úteis ainda não chegaram. Eis o motivo pelo qual os africanos dessas paragens vendem os filhos aos habitantes do baixo Ogooué: para que sejam ao menos alimentados.

A região do curso superior do N'Guniê, afluente do Ogooué, deve ser uma área onde a fome impera, pois a maioria dos escravos domésticos do vale do Ogooué provém de lá. Dessa mesma região costumam chegar-me doentes que fazem parte da categoria dos "comedores de terra". A fome obriga essa gente ao hábito de comer terra, que ela conserva mesmo depois de dispor de alimentos o suficiente.

Pode-se constatar mesmo hoje que o coqueiro foi importado para o vale do Ogooué. Nas margens do rio e dos lagos houve ou ainda há hoje aldeias onde se encontram ainda extensos coqueirais. Mas quando adentramos os atalhos das regiões de selvas, onde já não existem assentamentos humanos, os coqueiros não são mais encontrados.

Regressando de Talaguga, permanecemos dois dias em Samkita, na casa de um casal missionário alsaciano, o senhor e a senhora Léon Morel.

Samkita é infestada por leopardos. Uma dessas feras irrompeu certa noite de inverno no galinheiro da família Morel. Acordado pela gritaria das galinhas, o missionário se apressou em ir buscar socorro, enquanto sua mulher vigiava na escuridão. O casal supunha que um nativo invadira o galinheiro para pegar algumas galinhas. Ouvindo barulho no telhado, a senhora Morel se aproximou do galinheiro para ver se reconhecia o intruso. Porém, com um salto formidável, ele desapareceu na noite. Quando abriram a porta, deram com 22 galinhas mortas no chão, com os peitos dilacerados. Só o leopardo mata suas vítimas assim, pois deseja primeiro lhes beber o sangue. Os cadáveres foram retirados, só ficando um deles, injetado de estricnina, abandonado diante da porta. Duas horas mais tarde o leopardo voltou e o devorou; o senhor Morel matou a fera a tiros quando esta já se retorcia de dores.

Pouco antes da nossa chegada, apareceu outro leopardo em Samkita e dilacerou diversas cabras.

Pela primeira vez comemos carne de macaco, na casa do missionário Cadier, que é um grande caçador. Os negros estão um tanto descontentes comigo, porque quase não faço uso da minha boa espingarda. Um dia, durante um trajeto em canoa, passamos perto dum crocodilo adormecido sobre um tronco que boiava nas águas; eu o observei, em vez de atirar. Os nativos acharam isso o cúmulo. E por intermédio do intérprete, os remadores disseram que eu não prestava para nada. Que se estivessem com o senhor Cadier ele já teria abatido um ou dois macacos e uma porção de passarinhos para que a turma dispusesse de bastante carne, ao passo que eu passava por um crocodilo e nem sequer pegava na espingarda!

Aceito a censura. Odeio sacrificar pássaros que descrevem graciosas curvas por sobre a água. Quanto aos macacos, nada têm a temer do meu fuzil. Pode-se muitas vezes abater ou ferir três ou quatro, sucessivamente, sendo difícil, porém, apanhá-los. Ou ficam suspensos sobre os ramos espessos, ou caem em lugares pantanosos, de difícil acesso. E caso a gente venha a descobrir o cadáver, não é raro encontrar um infeliz macaquinho que se retorce gemendo agarrado ao corpo materno ainda quente.

No mais, sirvo-me apenas do meu fuzil para atirar em serpentes que não cessam de aparecer no mato ao redor de casa; ou para matar aves de rapina que devastam os ninhos dos passarinhos nas palmeiras diante de minha residência.

Voltando de Samkita, encontramos um bando de quinze hipopótamos. Todos os animais se precipitaram logo na água, mas um filhote continuou a passear no banco de areia, recusando-se a obedecer à mãe, que o chamava com rugidos angustiados.

Joseph desempenhou bem suas obrigações e cuidou direito dos operados. Por iniciativa própria fez curativos com água oxigenada no braço que supurava de um doente recém-chegado, obtendo a solução a partir do perborado de sódio.

O estado do rapaz ferido pelo hipopótamo piorou gravemente. Minha ausência durante três semanas me impediu de operá-lo a tempo. Morreu quando eu tentava a toda pressa amputar-lhe a perna na altura da coxa.

O homem que o acompanhara à partida de pesca terminada tão mal viera para ajudar a tratar dele. O irmão do moribundo lançava para ele olhares ameaçadores, depois se pôs a falar com ele em voz baixa. Em seguida, enquanto o cadáver esfriava, o tom da discussão subiu. Joseph me chamou para um canto e me explicou o incidente. N'Kendju, que acompanhara o rapaz à pesca, estava com ele quando foram atacados pelo hipopótamo, e tinha sido ele quem insistira para o rapaz ir pescar com ele. Portanto, segundo o costume nativo, era responsável e culpado pelo acidente. Vira-se por isso obrigado a deixar sua aldeia e vir para junto do ferido para ajudar a tratá-lo, durante semanas e semanas. Ora, como deviam levar o morto rio abaixo para a aldeia, o irmão exigia que N'Kendju os acompanhasse para que o litígio fosse resolvido lá imediatamente. Mas o outro se recusava, sabendo muito bem que o esperava a morte. Expliquei ao irmão do morto que eu considerava N'Kendju a meu serviço e não o deixaria partir. Discutimos de forma alterada, enquanto os demais estendiam o cadáver numa canoa e a mãe e as tias entoavam lamentações fúnebres. O irmão asseverava-me que não pretendiam matar N'Kendju, mas obrigá-lo a pagar uma indenização. Por sua vez Joseph me dizia que eu não acreditasse nessa desculpa. Vi-me obrigado a permanecer na praia até a partida da canoa, do contrário N'Kendju teria sido arrastado à força para a embarcação.

Minha mulher ficou muito indignada ao ver que o nativo não testemunhava nenhuma dor durante a agonia do irmão, pensando apenas em regularizar a questão. Nisso minha mulher estava errada. Aquele homem se preocupava, sem perda de tempo, em não deixar escapar à justiça quem a seu ver era responsável pela morte do irmão, cumprindo um dever sagrado.

O nativo negro não pode conceber que um delito permaneça impune. Quanto a isso, ele pensa de acordo com a doutrina do filósofo Hegel. Aos seus olhos o lado jurídico duma questão permanece sempre em primeiro plano. Também a discussão de casos de direito ocupa grande parte do seu tempo. Os piores chicaneiros da Europa são inocentes colegiais perto dos negros. Contudo, o intuito não é propriamente a ânsia da contenda que os move, mas apenas um senso de caráter intangível da justiça que o europeu já não possui no mesmo grau.

Estando eu fazendo uma punção num pahuin atingido de ascite (barriga-d'água), ele me disse: "Doutor, faça essa água escorrer depressa para que eu possa respirar e andar. Quando fiquei com a barriga grande assim, minha mulher me deixou, e tenho pressa em ir reclamar o dinheiro que paguei quando me casei com ela".

Trouxeram-me uma criança em estado desesperador. Estava com a perna e a coxa roídas por uma úlcera até à anca.

– Por que não o trouxeram mais cedo?

– Não podíamos, doutor; tínhamos ainda uma "palaver" a regularizar...

Cabe bem o termo "*palaver*" a qualquer debate prolongado que termina em caso judicial. Grandes e pequenos negócios se arrastam com a mesma seriedade e lentidão. A propósito duma galinha, as partes discutirão uma tarde inteira diante dos anciãos da aldeia. Todo nativo é um demandador nato.

As noções jurídicas complicam-se pelo fato de ser o domínio da responsabilidade, em nossa opinião, muito vasto. A família dum negro é responsável pelas dívidas dele até um grau de parentesco mais distante. As multas são também extremamente severas. Se um homem se serviu, por exemplo, ilegalmente por um dia da canoa pertencente a outrem, deverá pagar como indenização um terço do valor do barco.

Graças a esse senso inalterado da justiça, o nativo aceita a punição como algo bastante lógico, mesmo que seja, a nosso ver, desproporcional ao delito cometido. Se o culpado não for punido, tomará suas vítimas por pobres imbecis. E, ao contrário, a menor condenação injusta os põe em grande fúria, e não se esquecerão jamais.

O negro só julga justa uma punição se realmente estiver convencido de que agiu mal e se houver confessado. Enquanto puder negar com quaisquer visos de verdade, manifestará sua indignação mais honesta, mesmo que realmente seja culpado. Todo aquele que tiver negócios com um negro africano deve levar em conta essa mentalidade do homem primitivo.

Nem é preciso dizer que N'Kendju deve pagar com juros os danos causados à família do seu companheiro de infeliz partida de pesca, mesmo que a morte do rapaz não lhe possa ser imputada senão de maneira muito relativa. Mas a família terá de dar queixa contra ele no tribunal do distrito de Lambaréné, segundo as normas habituais. Até novo aviso, permanecerá a meu serviço como segundo enfermeiro. É um verdadeiro primitivo, mas de comportamento muito correto.

om Joseph estou sempre satisfeito. É verdade que não sabe ler nem escrever. Todavia, não se engana quando deve ir buscar um medicamento na farmácia. Lembra-se da imagem que vem desenhada na inscrição do rótulo, de modo que, a bem dizer, lê sem conhecer as letras. Sua memória é prodigiosa e tem um dom notável para idiomas. Fala oito dialetos nativos e conhece regularmente o francês e o inglês.

Momentaneamente não é casado no sentido geral, pois sua mulher o abandonou para viver com um branco ao tempo em que o pobre Joseph era cozinheiro. O preço de compra duma nova companheira seria cerca de seiscentos francos. Poderia pagar tal soma em prestações mensais. Mas Joseph não quer uma esposa a crédito, pois considera, com razão, que seria um "mau negócio". Diz-me:

– Quando qualquer de nós ainda não acabou de pagar a mulher, leva uma vida dos diabos. A mulher não obedece e comenta a todo instante que a gente não se meta na sua vida, já que ainda não acabou de pagá-la.

Como Joseph, tal qual outros nativos, não tem bossa para economizar, arranjei-lhe um cofre para a compra duma mulher. Aí dentro são enfiadas todas as gratificações provenientes de plantões noturnos, serviços extraordinários e gorjetas dos doentes brancos.

Pude recentemente testemunhar a prodigalidade de quem se intitula "primeiro enfermeiro do médico de Lambaréné". Ele me acompanhou a uma feitoria para comprar pregos e parafusos. E ficou pasmado diante dum par de sapatos de verniz cujo preço comparava-se mais ou menos ao de seu ordenado mensal. Tratava-se de sapatos envernizados que o sol torrara numa vitrina de Paris, por muito tempo, e que por isso estava com o couro e o verniz rachado aqui e ali, como outros artigos de brechó, que tinham rumado

ENTRE A ÁGUA E A SELVA

para a África. Não adiantou nada eu lançar olhares severos a Joseph. Não ousei desaconselhá-lo abertamente com referência a essa compra para não indispor contra mim o dono, que era um negociante branco e estava ansioso para se desfazer daquele "abacaxi". Em vão lhe administrei às escondidas uns empurrões, enquanto um grupo de negros embasbacados atravancava a entrada e o balcão. Acabei por lhe dar na coxa um beliscão tão forte – sem que ninguém notasse que ele, por causa apenas da dor intolerável, pôs fim às negociações. Uma vez instalados na nossa canoa lhe passei formidável reprimenda, criticando demoradamente sua mania de desperdício. Eis qual foi o resultado: logo no dia seguinte ele voltou às escondidas à feitoria e comprou os sapatos de verniz. Pelo menos a metade do que recebe trabalhando comigo se esvai em roupas, calçados, gravatas e doces. Veste-se muito mais elegantemente que eu.

Nos últimos meses o trabalho só tem aumentado. A localização do meu hospital é excelente. Vindo de baixo ou de cima, as canoas podem trazer doentes de todas as direções, pois o Ogooué e seus afluentes são navegáveis por centenas de quilômetros. Os doentes se tornam cada vez mais numerosos e estou habilitado a alojar também de modo conveniente seus acompanhantes. A razão essencial desse êxito é a seguinte: sempre estou em casa, exceto quando tenho de ir a um ou outro posto para tratar de algum missionário ou de algum membro de sua família, circunstâncias essas que se apresentaram apenas por enquanto umas três vezes. O nativo que empreende uma longa viagem para me consultar e que se submete às fadigas e despesas tem certeza de que me encontrará. Esta é a grande vantagem que o médico independente leva sobre o médico do governo. Este último é com frequência enviado aqui e acolá ou obrigado a acompanhar colunas militares por longas temporadas. Certo médico militar que por último passou pelo posto me disse:

— O senhor jamais fará ideia exata da vantagem que têm sobre nós. Sim, pois entre outras coisas não é obrigado, como nós, a perder um tempo infinito com papéis, relatórios e estatísticas.

A cabana destinada às pessoas atingidas de doença do sono está atualmente em construção na margem oposta. Não somente me custa dinheiro incalculável, como também me faz perder muito tempo. Os operários encarregados de derrubar árvores e construir a cabana não fazem nada a não ser sob vigia. Vejo-me obrigado a largar os meus doentes durante tardes inteiras para ir até lá fazer o papel de feitor.

A doença do sono dissemina-se ainda mais por aqui do que supus no princípio. Seu foco principal está no território do N'Guniê, afluente do Ogooué, cerca de 150 quilômetros daqui. Também existem focos isolados ao redor de Lambaréné e nos lagos atrás de N'Gômô.

Que vem a ser a doença do sono? Como se propaga? Parece que sempre existiu na África equatorial, mas permanecia adstrita aos seus focos, pois não se viajava. Os nativos, com efeito, tinham organizado o comércio da seguinte maneira: do mar para o interior, e vice-versa, cada tribo transportava mercadorias até ao limite do seu território, onde os comerciantes da tribo vizinha as vinham pegar. Da minha janela vejo o N'Guniê desembocar no Ogooué. Os galoas que habitam as cercanias de Lambaréné podiam ir até lá; os que ultrapassavam esse ponto, arriscando-se pelo interior, eram devorados.

Os europeus, uma vez desembarcando na região, conduziram seus grupos de remadores e de carregadores duma região para outra. Se entre estes havia indivíduos portadores da doença do sono, traziam a doença outrora desconhecida nas margens do Ogooué. Foram os carregadores de Loango que a propagaram há cerca de trinta anos.

Quando a doença do sono atinge uma nova região, no começo produz enormes devastações. Seu primeiro assalto pode dar cabo dum terço da população. No distrito de Uganda, por exemplo, em seis anos abaixou o número de nativos de trezentos mil para cem mil, dois terços, portanto. Um oficial contou-me que vira no Ogooué superior uma aldeia com dois mil habitantes. Ao passar por lá dois anos depois, apenas encontrou quinhentos; os outros tinham perecido nesse período vítimas da doença do sono.

Quando ela se estabelece por algum tempo numa região, acaba perdendo sua primitiva virulência, sem que se possa explicar por que isso ocorre. Continua, ainda assim, a fazer vítimas, com certa regularidade. E também pode de súbito retomar sua hegemonia devastadora.

O mal começa com ataques de febre irregulares, ora mais fortes, ora mais fracos, que desaparecem e reaparecem durante vários meses, sem que o indivíduo se sinta verdadeiramente doente. Alguns doentes passam diretamente do estado de saúde para o sono. São comuns, porém, violentas dores de cabeça durante o período febril. Quantos doentes tenho visto se apresentarem diante de mim exclamando:

– Doutor, a minha cabeça, a minha cabeça! Não posso mais viver!

Uma insônia torturante precede, muitas vezes, a fase de sono. Certos doentes apresentam no início perturbações mentais e são atingidos por melancolia ou superexcitação maníaca. Um dos meus primeiros doentes desse gênero era um rapaz que me foi trazido porque queria afogar-se.

A febre é acompanhada geralmente de dores reumáticas. Um branco da região dos lagos, perto de N'Gômô, veio consultar-me por causa duma dor ciática. Examinei-o pormenorizadamente: era o começo da doença do sono. Mandei-o sem demora ao Instituto Pasteur, de Paris, onde tratam dos franceses atingidos pela doença do sono.

Os doentes muitas vezes percebem uma falta inquietante de memória. E não é raro que esse seja o primeiro sintoma que põe de sobreaviso a família.

Em regra, o sono principia dois anos depois das primeiras febres. Trata-se, no início, duma vontade inexorável de dormir. Mal acaba de comer e se senta, o doente pega logo no sono.

Veio consultar-me recentemente um suboficial branco de Muila, localidade a seis dias de viagem daqui, pois alojara uma bala na mão ao limpar um revólver. Hospedou-se na missão católica. Sempre que vinha fazer o curativo, a sua ordenança, um negro, o acompanhava e esperava do lado de fora. E sempre que o suboficial saía do meu consultório, tinha de procurar e chamar alto a ordenança, que por fim emergia dum canto qualquer, com as pálpebras estremunhadas. O branco se queixou a mim de já haver perdido a ordenança diversas vezes, porque tinha o costume de pegar no sono em qualquer lugar sem haver meio de ser achada. Examinei o sangue do homem e descobri que ele estava acometido da doença do sono.

O sono acaba por se tornar cada vez mais profundo e se transforma em coma. Os doentes ficam largados, insensíveis, apáticos, urinam e defecam sem perceber e emagrecem cada vez mais. Escaras vão se produzindo no dorso e dos lados ulcerações se alastram. Assim, sentados num canto, os joelhos lhes roçam o queixo. O quadro é atroz.

A morte libertadora às vezes se faz esperar demasiado tempo. Pode mesmo ocorrer um estado de melhora de certa duração. Em dezembro tratei um doente que já se achava nessa última fase. No fim de quatro semanas a família se apressou em levá-lo para que pudesse ao menos morrer em sua aldeia. Eu mesmo estava certo de que o desenlace não demoraria. Vim a saber, um dia destes, que por algum tempo ele melhorara um pouco, recomeçando mesmo a comer, a falar e a andar, só tendo morrido em abril.

No mais das vezes é a pneumonia que acarreta o fim.

A descoberta da doença do sono é uma das mais recentes conquistas da ciência médica. Os nomes de Ford, Castellani, Bruce, Dutton, Koch, Martin e Leboeuf estão ligados a esse feito.

A primeira descrição da doença do sono data de 1803, segundo os casos observados em indígenas de Serra Leoa. Em seguida foi estudada em negros transportados da África para as Antilhas e a Martinica. Somente no início da década de 1860 se empreenderam observações no próprio solo africano. De início não fizeram mais do que dar uma descrição mais nítida da última fase da doença. Ignorava-se que essa fase fosse precedida por outras manifestações. Ninguém podia imaginar que houvesse relação entre as febres que reapareciam durante anos e a doença do sono, o que foi possível pela descoberta do mesmo agente patogênico nas duas afecções.

Em 1901, dois médicos ingleses, Ford e Dutton, examinando ao microscópio o sangue de pessoas acometidas de febre de Gâmbia, ali não encontraram os parasitas da malária que supunham encontrar. Em vez disso, descobriram pequenos organismos móveis que compararam à forma de saca-rolhas ou puas em rotação e que por esse motivo batizaram de tripanossomos (corpos perfuradores). Dois anos mais tarde, os chefes duma expedição inglesa, enviada à região da Uganda para ser estudada a doença do sono, tornaram a descobrir pequenos organismos movediços no sangue de certo número de doentes. Conhecendo as publicações de Ford e Dutton, eles se perguntaram se esses corpos não seriam idênticos aos organismos encontrados nos pacientes febris da Gâmbia; examinando por sua vez os doentes, constataram-lhes no sangue o mesmo agente patogênico encontrado no sangue dos portadores da doença do sono. Assim ficou demonstrado que a "febre da Gâmbia" não é senão um primeiro estágio da doença do sono.

A doença do sono (tripanossomíase) se transmite principalmente pela *Glossina palpalis*, uma variedade da mosca tsé-tsé. Quando esse inseto é infectado, sugando o sangue dum indivíduo acometido de doença do sono, propaga-a por muito tempo, talvez durante a vida toda. Os tripanossomos recolhidos com o sangue do doente conservam-se e multiplicam-se no corpo da glossina, depois penetram com a saliva no sangue das pessoas que ela pica. As glossinas voam apenas durante o dia.

Estudando mais de perto a doença do sono, constatou-se que ela também pode ser transmitida pelos mosquitos quando estes se enchem de sangue duma pessoa sadia, imediatamente depois de haver picado um doente, enquanto ainda têm tripanossomos na saliva. Os exércitos inumeráveis dos mosquitos prosseguem por consequência durante a noite a obra que as glossinas executam durante o dia. Pobre África!

Mas os mosquitos jamais hospedam por muito tempo em seus corpos os ditos tripanossomos. A saliva deles só é perigosa, portanto, durante tempo restrito, quando se contaminaram picando uma pessoa atingida de tripanossomíase.

A doença do sono é caracterizada por uma inflamação crônica das meninges e do cérebro, acarretando a morte. Essa inflamação provém do fato de os tripanossomos, que no começo só existem no sangue, passarem em seguida para o líquido cefalorraquidiano.

Apenas se pode lutar com eficácia contra a doença do sono destruindo os tripanossomos, enquanto estão somente no sangue, não tendo atingido ainda o líquido cefalorraquidiano. O atoxil, único remédio conhecido até aqui contra a doença do sono, causa efeitos, a bem dizer, certos, no sangue; já no líquido cefalorraquidiano o mal fica mais ou menos ao abrigo de sua ação terapêutica. O atoxil é uma combinação de arsênico e anilido.

Urge, portanto, que o médico se esforce em diagnosticar a doença do sono ainda durante a fase em que ela só provoca febres. Se a diagnosticar assim bem cedo pode empreender o tratamento com alguma possibilidade de cura.

Portanto, nas regiões em que a doença do sono é endêmica, o diagnóstico é difícil por causa dos múltiplos casos clínicos que se apresentam à consulta. Para cada caso de febre, insônia, dor de cabeça persistente, dores reumáticas tenazes, somos obrigados a recorrer ao exame microscópico do sangue. Por desgraça, a pesquisa de tripanossomos no sangue, longe de ser simples, exige muito tempo. Com efeito, é raro que esses parasitas se encontrem em grande número no sangue. Por minha parte, não vi senão escassos casos em que vários desses micro-organismos se encontrassem juntos no campo do microscópio. Mesmo quando não há dúvida quanto à doença, pode-se habitualmente examinar sucessivas gotas de sangue antes de descobrir o tripanossomo. Além disso, levam-se no mínimo dez minutos para examinar totalmente uma gota de sangue. Quando, portanto, se trabalhou durante uma hora no sangue dum doente suspeito e se examinaram quatro ou cinco gotas sem nada encontrar, nem assim se pode afirmar que não seja doença do sono. Precisa-se recorrer a um processo cuja aplicação é mais complicada ainda, consistindo em extrair duma veia do braço dez centímetros cúbicos de sangue, que se centrifugam segundo regras determinadas, decantando sempre as camadas superiores e depois recolhendo sob o microscópio as últimas gotas, nas quais é provável que estejam os tripanossomos.

Se de novo o resultado for negativo, contudo, não se pode afirmar com certeza que não seja doença do sono. Caso não se encontrem tripanossomos no sangue, talvez seja necessário renovar o exame após dez dias, e se os encontrar hoje, em três dias pode-se não encontrá-los novamente. Um oficial branco, no qual verifiquei a existência de tripanossomos, foi observado em Libreville por uma semana inteira sem que fossem encontrados mais patógenos. Apenas no Instituto de Doenças do Sono em Brazzaville foram encontrados novamente.

Dois doentes queixosos de febre ou dores de cabeça me reteriam diante do microscópio durante toda uma manhã se eu quiser efetuar minuciosamente as minhas investigações. Mas lá fora esperam vinte doentes que precisam ser atendidos antes do meio-dia! E preciso fazer curativo nos operados, destilar água, preparar medicamentos, tratar úlceras, extrair dentes! Essas alternativas e a impaciência dos doentes me enervam muitas vezes a tal ponto que fico zonzo.

Caso descubra tripanossomos, injeto atoxil misturado com água destilada. Aplico injeções hipodérmicas da seguinte maneira: no primeiro dia, 0,5 grama; no terceiro dia, 0,75 grama; no quinto dia, 1,0 grama, e daí por diante 0,5 grama, de cinco em cinco dias. Em mulheres e crianças, claro, as doses devem ser menores. As soluções esterilizadas a 110 graus são mais eficazes do que as preparadas pelo processo comum.

O atoxil é um medicamento muito perigoso. Se permanecer exposto à luz por algum tempo, a solução se decompõe como a de salversan e age como veneno. Mesmo quando preparada de maneira impecável e não se alterando, pode causar cegueira provocada por danos ao nervo óptico. Não é preciso que sejam grandes doses. As pequenas são às vezes piores do que as grandes. Além disso, têm ação negativa. Começa-se com pequenas doses, experimentando, para ver como o paciente as suporta; mas o diabo é que os tripanossomos também se habituam. Tornam-se, conforme se diz, "resistentes ao atoxil", e mais tarde se acostumam também às grandes doses.

Os doentes portadores da doença do sono vêm de cinco em cinco dias tomar injeção. Antes de aplicá-las, indago, não sem ansiedade, se algum deles notou qualquer alteração na vista. Felizmente, até aqui não tive nenhum caso de cegueira a constatar em qualquer doente já gravemente atingido.

Até agora, a doença do sono se propagou da costa oriental da África até a costa ocidental, de Níger ao Zambeze. Poderemos dominá-la? A luta sistemática nesses territórios imensos exigirá grande número de médicos e enfermeiros, além de muito dinheiro... E nas regiões onde a morte avança já vitoriosa, as potências europeias começam com avarezas, não querendo gastar com os meios capazes de detê-la, ao passo que se põem a gastar insensatamente com armamentos para lhes outorgar a possibilidade de uma nova safra na Europa.

Ao lado da doença do sono, é o tratamento das úlceras que me rouba mais tempo. As úlceras são aqui infinitamente mais frequentes do que na Europa. Um quarto dos alunos da nossa escola tem constantemente úlceras. Qual é a sua origem?

Grande número provém do bicho-de-pé (*Rhynchropion penetrans*), que é bem menor que a pulga comum. A fêmea penetra na parte mais mole dos artelhos, de preferência sob a unha e, uma vez debaixo dela, atinge o tamanho duma pequena lentilha. A extração do parasita provoca a formação de pequenas chagas; surge uma infecção ao contato com a lama, que causa uma espécie de gangrena, que muitas vezes faz cair o artelho ou uma de suas falanges. Por aqui raros são os nativos que possuem seus dez dedos completos; em quase todos faltam dois ou três. É interessante acentuar que o bicho-de-pé, que se tornou um flagelo da África central, outrora não era conhecido, tendo sido importado da América do Sul somente em 1872. Em uma década cruzou o continente negro do Atlântico até o Oceano Índico. Também uma das formigas mais vorazes que aqui vemos, chamada a sangunagenta, também veio da América do Sul pelas caixas de mercadorias.

Após as úlceras causadas pelo bicho-de-pé, vêm as chamadas cró-cró; aparecem na maioria dos casos em quantidade no mesmo paciente, localizam-se de preferência no pé e na perna e doem terrivelmente. Seu causador é desconhecido. O tratamento consiste em esfregar a úlcera com um tampão até ela sangrar. Depois é lavada com sublimado e coberta com ácido bórico, um pó conhecido. Por cima se passa uma gaze, curativo esse que só se muda ou se retira daí a dez dias.

Outras úlceras são causadas pela doença chamada *framboesia*. Às vezes cobre o corpo todo. Seu nome decorre do fato de que o seu primeiro sintoma se manifesta por erupções salientes recobertas duma crosta amarelenta. Quando se retira essa crosta, aparece uma superfície ligeiramente sanguinolenta, e então a erupção apresenta deveras o aspecto duma framboesa aplicada sobre a pele. Um dia trouxeram-me uma criança que se infectara mamando. Dir-se-ia que o bebê havia sido untado com uma substância pegajosa e que depois tivesse rolado por cima duma porção de framboesas. Depois que estas primeiras erupções desaparecem, as úlceras se vão produzindo em diferentes regiões do corpo, durante anos.

Tal doença, espalhada em todas as terras tropicais, é muito contagiosa. Quase todos os indígenas passam por ela. O antigo tratamento consistia em tamponar as úlceras com uma solução aquosa de sulfato de cobre (*Cuprum sulfuricum*) e administrar ao doente quatro gramas por dia de iodeto de potássio (*Kalium jodatum*) dissolvido em água. Constatou-se dum certo tempo para cá que as injeções endovenosas de arsenobenzol trazem uma cura rápida e durável. As úlceras desaparecem então como por encanto.

As piores de todas são as úlceras fagedênicas dos trópicos (*Ulcus phagedaenicum tropicum*). Elas se espalham para todas as direções. Não raramente a superfície da perna inteira parece uma chaga enorme, na qual tendões e ossos ficam visíveis como ilhas brancas. As dores que provocam são terríveis. Além disso, desprendem tal fedentina que ninguém suporta ficar perto dos doentes. Eles ficam deitados numa cabana, onde lhes é trazida a refeição. Vão emagrecendo cada vez mais e morrem após grandes sofrimentos. Essas úlceras são muito frequentes na região do Ogooué. Desinfecção e curativos não adiantam nada. O paciente precisa ser anestesiado e raspar-se demoradamente a úlcera até chegar ao tecido sadio. Uma vez terminado esse trabalho, durante o qual o sangue corre em jatos, lava-se o local com permanganato de potássio. A seguir, deve-se verificar diariamente se não há mais formação de pus neste ou naquele cantinho. Caso haja, então cumpre raspar outra vez. Semanas e meses podem passar-se até que se cure. É preciso meia caixa de curativos! E que despesa para alimentar o doente durante todo esse tempo! Mas, também, que alegria vê-lo subir para a canoa e voltar para casa, mesmo que claudicante – pois o pé fica deformado por cicatrizes –, feliz de ter sido desembaraçado de sua miséria dolorosa e nauseabunda!

Os leprosos me dão também enorme trabalheira. A morfeia, com seu nome latino lepra, provém dum bacilo parente da tuberculose, e que foi descoberto em 1871 pelo médico norueguês Hansen. Aqui não se pode sonhar com o isolamentos dos leprosos. Tenho às vezes quatro ou cinco deles no meu hospital, com os outros doentes.

O mais extraordinário é que somos obrigados a admitir que a lepra se propague dum indivíduo para outro, muito embora ainda não se tenha conseguido demonstrar como, nem realizar experimentalmente a transmissão dessa doença.

O único remédio de que se dispõe contra ela é o óleo de chaulmoogra (*Oleum Gynocardinae*), que se extrai das sementes duma árvore da Índia. Esse óleo é muito caro e, infelizmente, o que se encontra no comércio em geral não é puro. Procuro fornecer-me por intermédio do emérito missionário Delord, natural da Suíça francesa, que se ocupou bastante com os leprosos durante sua atuação na Nova Caledônia. Segundo suas indicações, misturo esse medicamento, cujo gosto é muito desagradável, com o óleo de gergelim e óleo de amendoim que o torna mais fácil de ser suportado.

Preconiza-se também de uns tempos para cá administrar o óleo de chaulmoogra em injeções subcutâneas.

Pode-se obter cura certa e durável da lepra? É duvidoso. Mas obtêm-se em certos casos, muito raros aliás, certas melhoras e uma parada nos progressos do mal, o que já é alguma coisa. As tentativas feitas nos últimos anos de curar essa moléstia com uma substância, o "Nastin", tirada dos bacilos da lepra, fizeram surgir esperanças de que algum dia se conseguirá de fato combatê-la dessa maneira.

Como a todos os médicos das regiões tropicais, ocupa sobremaneira o meu tempo a febre palustre, ou malária dos trópicos. Os nativos acham muito natural que cada um deles experimente de vez em quando arrepios de frio. As crianças, então, são muito sujeitas a isso. O baço, que aumenta muito em consequência dessa moléstia e se torna duro e doloroso, incha-se no abdome como uma pedra dura debaixo das costelas esquerdas. Não é raro que chegue até perto do umbigo. Quando se colocam as crianças estiradas em cima da mesa para examiná-las, elas cobrem o baço com os braços e as mãos, pois receiam que a gente por descuido aperte "a pedra" que dói. O nativo acometido de malária é uma pobre criatura fatigada, abatida, sujeita a dores de cabeça e todo e qualquer trabalho lhe é penoso. Sabe-se que a malária persistente é sempre acompanhada de anemia. Os medicamentos empregados são arsênio e o quinino. Nosso cozinheiro, nosso moleque e o homem da lavanderia tomam duas vezes por semana meio grama de quinino. Um produto com base de arsênio, conhecido como arrenal, empregado com o quinino, tem a propriedade de lhe reforçar consideravelmente os efeitos. Emprego-o muito em injeções subcutâneas, tanto nos doentes brancos como nos de cor.

Entre os flagelos da África, não esqueçamos a disenteria amebiana. As amebas que a causam são seres unicelulares. Esses parasitas se estabelecem no intestino grosso e provocam lesões na parede intestinal. As dores resultantes são atrozes. Dia e noite, sem cessar, o doente sente vontade de esvaziar o intestino, mas só evacua sangue. Antigamente, o tratamento dessa disenteria, bastante comum aqui, era muito demorado e, em suma, pouco eficaz. O único remédio empregado, a raiz de ipecacuanha em pó, não podia ser administrado em doses suficientemente ativas pois, tomado pela boca, esse pó provoca vômitos. Há anos emprega-se o princípio ativo extraído da ipecacuanha, isto é, o cloridrato de emetina (*Emetinum chlorhydricum*). Injetado na pele diversos dias seguidos em solução de 1%, na dose de 6 a 8 centímetros cúbicos por dia, produz logo francas melhoras e, habitualmente, uma cura perdurável. Os efeitos desse tratamento até parecem miraculosos. Quanto à dieta, não é preciso se preocupar demais. Os doentes devem comer, caso tenham vontade, carne de hipopótamo, quando se trata de pacientes negros, e salada de batata, quando se trata de brancos! Se um médico dos trópicos se der boa conta das curas produzidas por esses dois remédios, o arsenobenzol e a emetina, só isso será uma razão para ele permanecer ali!

Só aqui pude perceber que a maior parte do trabalho do médico nos trópicos é lutar contra doenças medonhas e horrendas que os europeus trouxeram para essa gente primitiva. E que miséria que essa averiguação deixa entrever!

Quanto a operações, praticamos naturalmente na selva apenas as que são urgentes e prometem êxito certo. As mais frequentes são as de hérnias. Os nativos da África central são muito mais sujeitos às hérnias que os brancos. Ignoramos os motivos. As hérnias estranguladas são muito mais frequentes em nativos que nos brancos. Causam a obstrução completa do intestino, este aumenta de volume pelos gases que se formam. A dilatação produz dores violentas. Após alguns dias de tortura, sobrevém a morte se não se consegue a tempo reduzir a hérnia. Nossos antepassados conhecem bem as mortes violentas causadas por isso. Contudo, a hérnia estrangulada mortal praticamente desapareceu da Europa, pois pode ser operada logo com bom resultado, uma vez sendo feito o diagnóstico. "Não deixem o sol descambar sobre uma hérnia estrangulada!", eis o axioma que o professor de cirurgia repete sem cessar aos estudantes. Mas na África essa morte horrível é coisa comum. Desde a mais tenra idade, o negro já viu gente se torcer, urrando durante dias sobre a areia da cabana, até que a morte venha, libertadora. Assim, logo que um nativo se dá conta do estrangulamento da sua hérnia – hérnias em mulheres são muito raras –, suplica aos seus que o ponham numa canoa e o tragam ao meu hospital.

Como descrever o que sinto quando me trazem um desses desgraçados? Sou a única pessoa, numa extensão de centenas de quilômetros, que os pode aliviar! E como estou aqui, como meus amigos me remetem meios para que eu permaneça aqui, tal desgraçado será salvo, como foram os que vieram antes dele e serão os que vierem depois, ao passo que sem mim ele sucumbiria às suas torturas. Não digo que lhe posso salvar a vida. Todos vamos morrer. Contudo, poder libertá-lo de seus dias de sofrimentos, parece-me um dom supremo, sempre renovado. A dor é um déspota mais terrível do que a morte.

Coloco a mão sobre a testa do desgraçado que ulula e lhe digo:

– Fica tranquilo. Dentro duma hora dormirás, e quando acordares não haverá mais dor.

Administro-lhe então uma injeção de morfina. Minha mulher, ajudada por Joseph, prepara tudo quanto é necessário. Durante a operação, ela se encarrega da anestesia. Joseph, munido de enormes luvas de borracha, funciona como assistente.

A operação está terminada. Da enfermaria obscura, assisto ao acordar do paciente. Assim que recupera os sentidos, lança em redor um olhar espantado, repetindo por diversas vezes:

– Não tenho mais dor! Não tenho mais dor!

Sua mão negra procura a minha e não a quer largar mais. Então começo a lhe contar, bem como aos demais presentes, que foi Jesus, Nosso Senhor, que ordenou ao médico e à sua mulher que viessem para o Ogooué, e que eles dispõem na Europa de amigos, homens brancos que lhes facilitam todos os meios para viverem aqui tratando dos doentes. A seguir tenho de responder às perguntas que me fazem a respeito dessas pessoas longínquas. Quem são elas? Onde moram? Como é que estão cientes dos sofrimentos físicos dos nativos?

Por entre o cafezal os raios do sol poente da África ainda banham a casa obscura. E, negros e brancos, objetivamos a palavra de Cristo: – Vós todos sois irmãos.

Ah! Se os amigos da Europa, que me propiciam meios para agir aqui, pudessem estar conosco em semelhantes momentos!...

CAPÍTULO VI

OS MADEIREIROS DAS SELVAS
Cabo Lopez, 25-29 de julho de 1914

m abscesso, para cuja abertura pensei ser necessário o auxílio do médico militar de Cabo Lopez, obrigou-me subitamente a vir até o mar, a esta localidade de Port-Gentil.

Para minha felicidade o abscesso se abriu sozinho, mal aqui chegamos, não tendo eu mais complicações a temer. O senhor Fourier, agente duma casa de exploração florestal, cuja mulher passou dois meses em nossa casa em Lambaréné para dar à luz um filho, teve a amabilidade de nos hospedar em sua residência. É neto do filósofo e sociólogo francês Charles Fourier (1772-1837), cujas teorias sociais conheci quando eu era estudante em Paris. E eis que seu bisneto nasce em minha casa, em plena selva.

Ainda não posso me locomover e passo o dia todo na varanda, estirado numa cadeira na companhia de minha mulher. Contemplamos o mar e respiramos com delícia a brisa oceânica. Somente este ar em movimento já nos parece qualquer coisa admirável, considerando que em Lambaréné jamais há vento, a não ser as curtas rajadas precursoras de temporais.

Aproveito o meu lazer forçado para me pôr a par de alguns pormenores sobre a exploração florestal da região do Ogooué e anotá-los.

Há apenas vinte anos teve início a exploração das vastas florestas da África equatorial. Essa tarefa não é assim tão fácil quanto possa parecer. Árvores magníficas crescem lá. O problema é abatê-las e transportá-las.

Em geral, apenas têm valor atualmente as matas que se encontram à beira d'água. A um quilômetro do rio ou de um lago a árvore mais esplêndida está a salvo do machado. Que adianta abatê-la, se não pode ser transportada?

Por que não se constroem estradas de ferro para transportar as toras até a água? Só pode perguntar isso quem não conhece a selva na África equatorial. O chão da floresta virgem é entrecruzado por gigantescas raízes e entrecortado por pântanos. Quanto trabalho não seria preciso para nivelar o terreno e abrir o caminho, isto é, derrubar as árvores e aterrar os pantanais, mesmo que fosse apenas por algumas centenas de metros, principalmente num solo incrivelmente acidentado?! Custaria mais do que o produto de centenas de toneladas de toras lindíssimas postas em Cabo Lopez. Por isso as estradas de ferro não podem ser montadas aqui sem despesas excessivas, a não ser em terras particularmente favoráveis. É na selva que se aprende o quanto o homem é impotente em face da natureza.

Resta-lhe, portanto, no geral, trabalhar seguindo o processo primitivo. Aliás, não há outro jeito, mesmo porque não se dispõe para tal trabalho senão de mão de obra primitiva... e mesmo ela em número insuficiente. Pensou-se em mandar vir trabalhadores anameses e chineses. Semelhantes tentativas não têm a mínima probabilidade de êxito. Estrangeiros não podem trabalhar nas selvas africanas, porque não suportariam o clima nem a vida de acampamento. Além disso, a região não oferece meios para nutri-los.

Antes de qualquer coisa, é necessário descobrir um sítio favorável.

Na selva, árvores das espécies mais diferentes crescem em verdadeira desordem. A derrubada só é remuneradora nas paragens em que se possa encontrar as madeiras de lei mais procuradas em número suficiente nas proximidades da água. Tais lugares, conhecidos pelos nativos, quase sempre estão situados a certa distância do interior da floresta, mas durante as enchentes um estreito curso de água ou um alagadiço põe tais lugares em comunicação com o rio. Os negros guardam segredo quanto a tais pontos e tudo fazem para desorientar o branco que os procura na região. Contou-me um europeu que durante dois meses os homens duma aldeia iam aceitando dele ricos presentes de tabaco, aguardente e tecidos, em compensação aos informes sobre os locais de boas matas de lei. Jamais, porém, encontrou nenhuma que oferecesse rendimento de qualquer valor. Por uma conversa ouvida fortuitamente, veio a perceber, enfim, que o afastavam intencionalmente dos bons sítios, fato que, é claro, pôs termo às boas relações.

Quase todos os bosques situados rente ou perto do rio e dos afluentes já foram abatidos.

Cerca de metade das florestas é dada em concessões a companhias europeias. O restante é livre. Qualquer um, branco ou preto, pode aí abater a madeira que muito bem quiser. As companhias muitas vezes permitem que os negros derrubem árvores à vontade nas suas concessões como se fossem florestas livres; só exigem que vendam às próprias companhias as toras abatidas, e não a outros exploradores florestais.

Aqui o grande negócio não é ser dono de florestas, e sim ser dono de troncos abatidos. As toras que os negros cortam por sua conta e oferecem à venda acabam saindo a preço mais baixo do que as derrubadas pelos trabalhadores assalariados contratados pelos europeus. Mas não se pode contar com as entregas de madeira dos nativos. Não raro sucede que estão tomando parte em festividades ou pescarias exatamente na ocasião em que a demanda por madeira é maior. Assim, cada firma, conquanto adquira madeira dos negros, ao mesmo tempo faz sua própria gente abater árvores.

Logo que uma boa mata de lei é descoberta, os homens de uma aldeia, agrupados para tal gênero de exploração, ou os brancos com os seus trabalhadores, aí se instalam. Começa-se por estabelecer o acampamento e construir cabanas de bambu. A grande dificuldade são os mantimentos. Onde arranjar, numa região só de florestas, com o que alimentar durante semanas ou meses entre sessenta e cem homens? As aldeias e plantações mais próximas distam no mínimo cinquenta quilômetros. E são acessíveis apenas mediante viagens penosas através de cipoais e pântanos. Além disso, os alimentos habituais, como a banana e a mandioca, são difíceis de transportar por causa do seu volume. Demais a mais, conservam-se apenas por alguns dias. A grande dificuldade da África equatorial é que aí não cresce comestível que dure mais que poucos dias. A natureza produz o ano inteiro, de acordo com as estações, certa abundância de mandioca e banana. Mas as bananas apodrecem seis dias depois de colhidas, e o pão de mandioca apodrece dez dias depois de sua preparação.

A raiz de mandioca não pode ser consumida conforme é achada, pois há espécies tóxicas que contêm ácido ciânico. Para lhes extrair o veneno, há que colocá-las durante dias em água corrente. Stanley perdeu duma só vez trezentos

ENTRE A ÁGUA E A SELVA

carregadores que, apressados, comeram mandioca insuficientemente macerada. Depois que a raiz esteve em infusão por bastante tempo, é macerada e depois posta a fermentar. Obtém-se assim uma espécie de pasta espessa, de cor escura, que se corta em bastões que são envoltos em folhas para se conservarem. Os europeus geralmente não gostam dessa mandioca. A conhecida tapioca, de que tomamos sopa, é preparada da mandioca.

Já que o abastecimento com produtos nativos é tão difícil, os africanos que trabalham na floresta devem se contentar muitas vezes com arroz e resignar-se a comer conservas europeias. Consomem principalmente sardinhas baratas, destinadas especialmente à exportação para o interior da África e de que as feitorias e os armazéns têm sempre grandes provisões. A fim de variar a alimentação, compram-se também conservas de salmão, de lagostas, de aspargo e de frutas da Califórnia. O nativo que trabalha na floresta nutre-se, pois, por necessidade, de conservas caras que na Europa são consideradas artigos de luxo.

Mas e a caça? Na selva propriamente dita a caça é improdutiva. É claro que nela não falta caça. Mas como poderá o caçador que a descobre persegui-la? Sim, como, naquele espesso capão de cipoais e troncos? Só existe boa caça onde a selva se alterna com pântanos devastados ou com savanas. Mas aí quase não há madeira para abater. Por mais paradoxal que possa parecer, em parte alguma se está tão arriscado a morrer de fome como no centro da vegetação luxuriante das selvas cheias de caça da África equatorial.

Impossível descrever os sofrimentos causados aos homens que trabalham na floresta pelas moscas tsé-tsé, de todas as variedades durante o dia, e pelos mosquitos durante a noite. São obrigados também a permanecer semanas inteiras

– 103 –

metidos em pantanais até a cintura, de modo que estão sujeitos a frequentes acessos de febres e de reumatismo.

A derrubada de madeira é coisa muito penosa por conta da espessura dos troncos. Os gigantes da selva não são redondos nem lisos em sua base, mas fincados no solo por certo número de poderosas saliências com arestas vivas, verdadeiras âncoras que ligam o tronco às raízes mestras. Poderia se dizer que a natureza incumbiu os melhores arquitetos de fornecer a essas imensas árvores meios de proteção contra as borrascas.

Em muitos casos não se pode pensar em abater uma árvore rente ao solo. O machado não ataca a madeira senão à altura dum homem. Às vezes, são obrigados mesmo a construir um andaime sobre o qual os nativos se põem a trabalhar.

E quando um grupo se esbaforiu durante vários dias e o tronco foi finalmente cortado, muitas vezes a árvore não tomba ainda, pois está arrimada às árvores vizinhas, à mercê de poderosas lianas e cipós. É necessário cortar as árvores vizinhas para que, enfim, o gigante, arrastando-as em sua queda, se estatele no chão.

Uma vez o tronco abatido, começa o desgalhamento. Depois é cortado a machado ou serrado em toras de quatro a cinco metros de comprimento. Quando se chega ao trecho em que a árvore não tem mais do que 60 centímetros de diâmetro, abandona-se o resto no local e ali fica a apodrecer. Não se cortam árvores com menos de 60 centímetros de diâmetro. Poupam-se igualmente as de espessura excessiva, porque toras demasiado volumosas são de difícil manejo. Geralmente os negociantes só aceitam toras de 60 a 150 centímetros de diâmetro.

É durante a estação seca, entre junho e outubro, que as árvores são derrubadas e serradas. Em seguida, abre-se o caminho por onde as enormes toras, pesando muitas vezes quatro toneladas, serão roladas até a água mais próxima. Os derrubadores empenham-se então em lutar com os tocos fincados no chão e as imensas frondes caídas em redor. Quando uma árvore cai, seus galhos enormes penetram às vezes no solo a mais dum metro de profundidade. Enfim o caminho vai sendo desemaranhado pouco a pouco. Reveste-se com troncos o trecho pantanoso. Ao longo do atalho aberto rolam-se as toras, umas atrás das outras. Trinta homens empurram obstinadamente cada tronco, com gritos ritmados, fazendo-o virar em volta do seu eixo. Se o tronco é demasiado grande e não muito roliço, não há forças humanas que o arredem do lugar. Será preciso então recorrer a macacos de rosca. Ou então, quando tudo vai bem, eis de repente um declive a subir para depois descer. Ou então os troncos que revestem os trechos pantanosos acabam cedendo, e a tora encrava. Às vezes trinta homens não conseguem numa tarde impelir uma tora além de oitenta metros.

Todavia há urgência! Prevendo as enchentes, toda a madeira deverá ter sido rolada para o lago ou a pequena baía até fins de novembro ou começos de dezembro, pois apenas nessa época é que seus níveis se comunicam com o rio. A madeira que não tiver chegado a tempo à água ficará na floresta, onde a atacarão parasitas – especialmente as brocas-da-madeira (*Bostrichdae*) – que a tornarão imprópria para venda. No máximo, poderá ser salva ainda por ocasião das enchentes da primavera. Muitas vezes, porém, elas não atingem nível suficiente para comunicação de todos os lagos e baías com o rio e seus afluentes. Se a madeira tiver de esperar pelas próximas enchentes do outono, estará já irremediavelmente perdida.

Acontece, de tempos a tempos – aproximadamente de dez em dez anos –, que nem mesmo as enchentes do outono atingem o nível necessário. Então, todo trabalho efetuado em numerosos madeirais fica perdido. Foi o caso do outono passado. Os pequenos e médios exploradores florestais ficam então a dois dedos da ruína. Grupos de nativos, após trabalheiras incríveis durante meses, não podem sequer pagar as dívidas que contraíram para comprar arroz e conservas.

Por fim as toras flutuam na água livre, amarradas às árvores da margem por fortes lianas. O branco chega para a cubagem e a compra do que as aldeias têm a lhe oferecer. Eis um momento no qual é necessária muita prudência. São realmente toras da espécie apregoada? Os nativos não terão misturado toras parecidas por causa da semelhança da casca e da fibra? É tão tentador utilizar todas as árvores próximas da água! Todos os troncos foram de fato abatidos naquele ano, ou haverá uma porção de toras do ano passado ou de outros anos ainda, mas recentemente serradas na extremidade a fim de lhes dar aspecto de toras frescas? A esperteza dos negros em matéria de fraude no comércio da madeira atinge um grau inacreditável. Ai do comprador novato!

Na baía de Libreville um jovem negociante inglês estava incumbido de comprar madeira de ébano para sua empresa. Essa madeira muito pesada chega ao comércio em achas. O inglês comunicou satisfeito aos patrões que lhe estavam oferecendo ébano muito bonito e em grande quantidade. Mas apenas chegou à Inglaterra a primeira remessa, o rapaz recebeu um cabograma declarando que o que fora comprado e expedido como ébano não era ébano absolutamente. O estoque que ele adquirira a bom preço não valia nada e a firma o responsabilizava pessoalmente pelo prejuízo sofrido. Os negros lhe haviam vendido uma madeira dura qualquer, que puseram durante meses num pântano a fim de ficar bem macerada, absorver uma coloração escura e tomar nas extremi-

ENTRE A ÁGUA E A SELVA

dades e nas camadas superficiais uma nuance que lhe desse a ilusão do mais belo ébano. O cerne, porém, era avermelhado. Sendo inexperiente, o comprador inglês não se lembrou de mandar serrar ao meio algumas achas, de maneira a assegurar-se da qualidade da mercadoria.

Mas prossigamos a descrição interrompida. O madeireiro branco mediu e comprou as toras. A cubagem é uma tarefa arrevesada, porque a pessoa precisa se manter em equilíbrio constante, mas nem sempre fácil sobre as toras movediças que rolam na água. A seguir, o comprador paga a metade da importância ajustada. O resto será entregue quando a madeira (onde se grava a marca do comprador) chegar ao porto vencendo todos os empecilhos. Às vezes acontece de os negros venderem as mesmas toras quatro ou cinco vezes, recebendo os respectivos pagamentos, depois somem na floresta até que o fato seja esquecido ou que o branco se canse de perder tempo e dinheiro para procurar os tratantes. Aliás, se os encontrasse, nada poderia arrancar deles, pois desde muito já teriam convertido o dinheiro em tabaco e em outras coisas.

Em seguida há que ligar as toras para formar as jangadas. Para isso não se servem de cordas nem de faixas de cânhamo. Lianas flexíveis são melhores e custam menos. A floresta as fornece de todos os calibres, desde a grossura dum dedo até à dum braço. Sessenta ou cem toras são dispostas uma atrás da outra, em duas filas, e amarradas juntas. A jangada que assim se forma terá, portanto, de 8 a 10 metros de largura por 40 de comprimento. Às vezes seu peso atinge cerca de 200 toneladas. Compridos e delgados caules atados por cima em determinada ordem lhes asseguram a solidez necessária. Sobre a jangada se constroem cabanas de bambu e de folhas de ráfia. Um grupo de achas é forrado com argila, a fim de constituir uma espécie de forno para cozinhar os alimentos. Finalmente se dispõem poderosos remos em cima de fortes forquilhas, na frente e na retaguarda, para se dirigir com certo ritmo e alguma segurança a comprida jangada. Cada remo é manejado por seis homens no mínimo. A equipagem duma dessas jangadas chega a ser de vinte homens.

Estes compram então bananas e grande quantidade de mandioca, e depois se põem a caminho.

A equipagem deve conhecer exatamente a posição dos bancos de areia, de modo a evitá-los ao máximo. Eles se deslocam continuamente e, tapados pela água cor de chocolate do Ogooué, dificilmente são descobertos de longe. Quando a jangada bate e encrava-se num banco de areia, não há outro meio de colocá-la de novo à tona senão soltando suas peças componentes, uma após outras, que se enfiaram no banco da areia. Isto é, soltar as toras e depois cautelosamente reintegrá-las na jangada. Às vezes há necessidade de desmanchar a jangada inteira e de tornar a formá-la, tarefa que pode durar oito dias e produzir a perda de muitas toras arrebatadas pela correnteza durante a operação. E o tempo é precioso, pois em geral os víveres foram calculados para tantos dias certos e, quanto mais perto da desembocadura do rio, maior dificuldade em arranjar abastecimento. Os habitantes das aldeias do trecho inferior do Ogooué pedem à equipagem esfaimada um franco e um franco e meio por algumas miseráveis bananas; e nem sempre estão dispostos a vendê-las.

No decorrer do trajeto não é raro que a equipagem da jangada venda a outros nativos bonitas toras do conjunto e as substitua por outras de idêntico tamanho, mas de qualidade inferior, gravando sem nenhuma cerimônia algo parecido com a marca do comprador. Toras assim, de menor valor, ficam largadas na floresta às dúzias em bancos de areia e em baías, desde o tempo das últimas enchentes. Consta que certas aldeias possuem reservas desse material e de todos os tamanhos. A boa tora desviada da jangada é alterada um pouco por causa da marca já gravada e revendida a outro branco.

O madeireiro comprador tem ainda outras razões para ficar apreensivo quanto a essas descidas de jangadas. O navio que as recolherá deve chegar a Cabo Lopez numa determinada data. Os condutores da jangada podem muito bem aí apartar dentro desse prazo, mesmo porque sempre lhes é prometida uma boa gratificação se a madeira chegar ao destino em tempo adequado. Mas se algum som de festa repercutir numa aldeia às margens do rio no momento em que a jangada passa, a equipagem muitas vezes cede à tentação de amarrar a jangada e de participar da festa durante dois, três, quatro, cinco e até mesmo seis dias seguidos. Durante esse tempo o navio espera na baía do Cabo Lopez, e o negociante branco deverá pagar pelo tempo de espera somas que transformam o seu bom negócio num prejuízo desastroso!

Em condições normais, a flutuação rio abaixo, no trajeto dos 250 quilômetros que separam Lambaréné de Cabo Lopez, dura quinze dias. A navegação, rápida no princípio, vai-se tornando vagarosa no fim. Com efeito, a 80 quilômetros acima da embocadura, as marés já se fazem sentir.

É o momento de encher com água a canoa amarrada à jangada, pois a água do rio já não será mais potável daí para baixo, nem nas margens se encontrará nenhuma fonte. Desde então só se avança quando a maré é vazante. Quando ela sobe, amarra-se a jangada na margem, por meio de grandes cipós da grossura dum braço, para que não derive rio acima.

Urge então dirigir a jangada insinuando-a no N'Dugu, um braço muito estreito do rio, duma extensão tortuosa de 30 quilômetros, que desemboca na extremidade sul da baía do Cabo Lopez.

Se a madeira atingir o mar por outro braço, cuja desembocadura seja quase no meio do golfo, estará perdida. A violência da correnteza – o rio até então aprisionado tendo saída franca – leva a jangada até o alto mar numa velocidade de oito quilômetros por hora. Mas se a jangada for ter ao mar pelo braço que desemboca na extremidade sul, bate numa zona de água calma que se prolonga ao longo do areal. E então pode ser dirigida apenas com longas varas, ao longo do litoral, até alcançar Cabo Lopez. Mas se a jangada se afastar do litoral, mesmo por alguns metros, e as varas não atingirem mais o fundo, não será mais possível dominá-la. A correnteza a arrastará para o alto-mar. Nesse trajeto de quinze quilômetros, travam-se lutas terríveis entre a equipagem e os elementos. Se algum vento se levanta vindo de terra, nada há a fazer. Quando da localidade de Cabo Lopez percebem que a jangada está em apuros, enviam-lhe numa canoa uma âncora com uma corrente, e assim se consegue salvar a jangada, a não ser que as vagas sejam tão fortes que arrebatem a madeira. Nesse caso só resta à equipagem, se não quiser perecer, abandonar a jangada a tempo e se refugiar na canoa que vem a reboque. Mas quando se ultrapassou a saída da baía, nenhuma canoa pode atingir Cabo Lopez contra a correnteza do rio, que se prolonga mar adentro. Embarcações chatas e desprovidas de quilhas, como as utilizadas nos rios, não poderiam, aliás, afrontar as vagas do oceano.

É assim que frequentemente se perdem jangadas de toras. Tem ocorrido também que suas equipagens desapareçam no mar. Um dos meus doentes brancos certa vez estava numa dessas malfadadas jangadas, em luta com o oceano, para onde durante a noite o vento a impelira. Impossível alguém querer salvar-se tomando a canoa, pois o mar agitado não deixava. As vagas começavam já a despedaçar a jangada, quando uma barcaça a vapor chegou para salvar a equipagem. É que da praia alguém percebera a luz da lanterna que os homens agitavam desesperadamente.

Assim foi possível enviar-lhes como socorro a lancha que, por felicidade, estava com os fogos acesos.

Se a jangada chegar em bom estado ao Cabo Lopez, então é desmanchada e as toras são guardadas no "parque". Nas partes abrigadas da baía as toras são arrumadas em duas fileiras ligadas entre si de maneira a formarem uma espécie de cadeia dupla. Para a formação dessa cadeia pregam-se nas duas extremidades das toras cunhas com argolas, por meio das quais passam fortes fios metálicos. Essa dupla cadeia de toras forma um anteparo rente ao mar, e do lado de dentro são colocadas então em ordem, lado a lado, tantas toras quantas o espaço permitir. Além disso, são presas umas às outras por fios metálicos passados em alças existentes nas cunhas. De três em três horas, um guarda verifica se tudo permanece em ordem no depósito, se os ganchos continuam bem firmes em seus lugares e se os fios não arrebentaram ou não se puíram pela fricção contínua nos anéis ou pelas constantes esticadelas a que estão submetidos. Pode acontecer que um desses cabos arrebente durante a noite sem que se perceba, de modo que todas as precauções são poucas. De manhã, quando o madeireiro chega, às vezes as toras guardadas no parque fugiram de vez para o mar. Uma firma inglesa perdeu dessa maneira, há alguns meses, quarenta mil francos de madeira. Se sobrevier uma tempestade, nada há a fazer. As toras formidáveis saltam no parque, feito golfinhos amalucados e, num salto elegante, pulam o anteparo e safam-se.

ada dia de entreposto na baía de Cabo Lopez pode, portanto, ser perigoso para a madeira que ali está. De modo que se espera com impaciência o navio no qual deve ser embarcada. Ao chegar o navio mercante, as barcaças a vapor rebocam os grupos de toras, um depois outro, para o costado que fica de frente para a terra. A fim de organizar as jangadas destinadas a atingir o navio, passam-se cabos pelas cunhas encravadas nas duas extremidades dos troncos. Quando a tora solta da jangada para ser embarcada, os negros dançam por sobre o conjunto sacudido pelas vagas e arrancam as cunhas ou ganchos. Depois passam ao redor da tora uma corrente, por meio do qual ela será içada para bordo. Este trabalho exige uma habilidade prodigiosa. Caso algum nativo escorregue na tora molhada que oscila ao sabor das ondas, terá as pernas trituradas entre os monstros de madeira de 3 a 4 toneladas que se chocam constantemente.

Da minha varanda vejo com o binóculo vários negros ocupados nessa tarefa, cuja dificuldade aumenta por causa do vento. Se sobrevier uma tempestade, ou mesmo apenas um vento mais forte, as toras amarradas ao longo do navio correrão graves riscos.

As perdas sofridas desde o local onde as árvores são abatidas até ao porto onde são embarcadas para a Europa são, portanto, consideráveis. Grande parte dos troncos cortados desaparece, desta ou daquela forma. As lagunas situadas na vizinhança das desembocaduras do Ogooué são verdadeiros cemitérios de toras. Inúmeras delas emergem do limo do mar que as sepultou. São principalmente toras que

ENTRE A ÁGUA E A SELVA

não puderam sair a tempo da floresta e que se estragaram no lugar onde foram cortadas, até que a chegada de enchentes excepcionais as arrastou um dia para o rio. Uma vez chegando à baía, o vento e a maré as expulsaram para as lagunas litorâneas, donde não sairão mais. Olhando pelo binóculo, conto quarenta toras que vagam pelo golfo. Serão brinquedos das marés alternadas até que achem seu túmulo no oceano ou em alguma lagoa. Mas a riqueza das florestas do Gabão é tal que essas perdas não têm grande importância.

Quando uma remessa de madeira foi entregue com sucesso, a equipagem que a trouxe se apressa a subir o rio, seja em canoa, seja em navio... para não sofrer fome em Cabo Lopez. De fato, todos os víveres frescos consumidos nesse porto vêm do interior, trazidos por via fluvial, e duma distância de cem quilômetros pelo menos, pois nem legumes nem cereais conseguem crescer na costa arenosa e no delta pantanoso.

Quando os membros da equipagem recebem seus salários das mãos do comprador da madeira, ao regressar fazem num armazém de feitoria consideráveis compras de tabaco, aguardente e mercadorias de toda sorte. Chegam ricos às suas aldeias, segundo a noção nativa. Ao cabo de algumas semanas, ou mais cedo ainda, tudo quanto ganharam lhes escorreu pelos dedos. Então se metem de novo a procurar um sítio favorável para a exploração da mata, e recomeça o trabalho pesado.

A exportação de madeira de Cabo Lopez aumenta sem cessar. Atinge atualmente perto de 150.000 toneladas por ano. Expede-se principalmente o mogno que os nativos chamam de *ombega* e *ocumé* (*Aucoumea Kleineana*), chamado falso mogno.

A madeira do ocumé é mais tenra do que a do mogno e serve principalmente para fabricar caixas para charutos.

– 113 –

É empregada também na indústria de móveis. Tem grande futuro. Muitas qualidades do falso mogno são muito mais bonitas do que o verdadeiro.

Se a madeira permanece tempo demasiado no mar é perfurada pelo teredo (*Teredo navalis*), que é um pequeno molusco vermiforme que penetra em linha reta e da superfície para o cerne ou polpa da árvore. É por isso que, quando se prevê uma grande espera, rolam-se as toras para a areia. Arranca-se, então, a golpes de machado, o alburno e se transforma a tora num bloco de quatro faces.

Além do mogno e do ocumé, existem ainda muitas outras madeiras de lei na região do Ogooué. Citarei o *ékéwa--sengo* (madeira-rosa) e a madeira-coral, ambas com uma soberba cor vermelha; depois, o pau-ferro, tão duro que dele se fabricam rodas denteadas para as máquinas das serrarias do N'Gômô. Encontra-se também certa madeira que, uma vez aplainada, tem aspecto do cetim branco rajado.

As madeiras mais belas ainda não foram exportadas, pois não são conhecidas nos mercados europeus, de maneira que não há encomendas. Quando forem conhecidas e solicitadas, o comércio madeireiro tomará na região do Ogooué uma importância ainda mais considerável. O senhor Haug, missionário em N'Gômô, é considerado um dos melhores conhecedores de madeiras do Ogooué. Possui uma preciosa coleção de todas as variedades.

No começo eu não compreendia por que todos aqui, mesmo os que nada têm a ver com o comércio florestal, se interessavam pelas diversas qualidades de madeiras da região. Mas as relações constantes com exploradores florestais também me tornaram, dentro de poucos meses, um maníaco pelo assunto, segundo a observação de minha mulher.

CAPÍTULO VII

PROBLEMAS SOCIAIS DA SELVA
No rio, de 30 de julho a 2 de agosto de 1914

is-me de novo no meu trabalho. O piloto dum pequeno navio fluvial, pertencente a uma firma do N'Djôle, teve a amabilidade de nos trazer a Lambaréné. O navio subiu vagarosamente, pois trazia uma carga pesada de petróleo que chega diretamente da América do Norte em latas quadrangulares de dezoito litros. Os nativos começam a gastar muito petróleo.

Aproveitei o trajeto para examinar os problemas sociais que, com grande espanto meu, encontrei na selva. Na Europa fala-se muito em colonização e em civilização colonial, mas sem que se compreenda toda a significação e alcance desses termos.

Existem mesmo problemas sociais na selva? Basta escutar durante dez minutos a conversa de dois brancos nesta região para se verificar que o assunto mais frequente é a discussão do mais difícil desses problemas: a mão de obra. Imagina-se de bom grado na Europa que entre os povos primitivos encontramos quantos trabalhadores quisermos e por um salário muito moderado. No entanto, o que se verifica aqui é exatamente o contrário. O recrutamento de trabalhadores não apresenta em parte alguma tamanha dificuldade como entre os nativos, e em lugar nenhum também se paga mais caro, proporcionalmente, ao trabalho fornecido.

Atribui-se esse estado de coisas à preguiça dos negros. Mas será o primitivo realmente um ser preguiçoso? O problema não terá raízes mais profundas?

Quem quer que tenha visto os habitantes duma aldeia nativa abaterem um canto de floresta para aí estabelecerem uma cultura agrícola sabe que os negros são capazes de trabalhar durante várias semanas com aplicação e empenho. Aliás, diga-se de passagem, cada aldeia vê-se obrigada, de três em três anos, a efetuar essa tarefa da mais árdua. As bananeiras esgotam o solo com extrema rapidez. Além disso, é preciso a cada três anos recompor uma nova plantação; as cinzas da selva cortada e queimada fornecem o adubo necessário.

Quanto a mim, não me sinto mais no direito de falar categoricamente da preguiça dos negros, desde que quinze nativos subiram o rio remando quase sem interrupção durante trinta e duas horas para me trazer um branco gravemente ferido.

Há, portanto, ocasiões em que o nativo trabalha assiduamente, mas só trabalha na medida em que as circunstâncias exigem. O filho da natureza, eis aqui a resposta ao enigma, não é nunca senão um trabalhador ocasional.

A natureza lhe fornece, por um trabalho mínimo, mais ou menos tudo quanto ele necessita para viver na sua aldeia. A floresta lhe fornece madeira, bambus, ráfia e cortiça para construir uma cabana que o proteja do sol e da chuva. Basta plantar algumas bananeiras, um pouco de mandioca, pescar e caçar, assim ele tem o necessário para as suas necessidades, sem ser obrigado a procurar um ganho regular. Só aceitará um lugar como trabalhador por uma razão determinada; por exemplo, a necessidade de dinheiro para comprar uma mulher; ou então porque ela e os filhos precisam de roupa, de açúcar, de tabaco; ou ele próprio precisa dum machado novo, de aguardente, de roupas cáqui e calçados.

São portanto necessidades mais ou menos alheias à luta pela existência propriamente dita que levam o filho da natureza a se engajar. Sempre que não sente necessidade de ganhar dinheiro, permanece na aldeia. Caso tenha aceitado alhures um contrato e ganhado o suficiente para arranjar aquilo que tinha em vista, não verá mais motivo para continuar a sacrificar-se e voltará à aldeia, onde achará sempre uma casa e alimentos.

O nativo não é preguiçoso, mas sim um homem livre. É por isso que se torna apenas um trabalhador ocasional, com o qual nenhuma operação ordenada é possível. O missionário constata esse fato em pequena proporção na aldeia, assim como o explorador florestal e o plantador o constatam em grande escala. Sempre que o meu cozinheiro ganha bastante dinheiro para satisfazer as pretensões da mulher e da sogra, ele nos larga, pouco se importando com os embaraços que a sua partida nos possa causar. O proprietário duma plantação verá seus trabalhadores o abandonarem exatamente no momento mais crítico da colheita, ou quando urge lutar contra os parasitas que atacam o pé de cacau. O explorador florestal, que acaba de receber da Europa um telegrama pedindo remessa urgente de madeira, não encontrará pessoa nenhuma para derrubar árvores, porque os habitantes da aldeia mais próxima vão à pesca ou preparam o terreno para uma plantação nova. Todos os brancos fazem amargas recriminações à preguiça dos nativos. Na verdade não os têm à sua mercê porque os nativos não estão reduzidos à necessidade dum ganho regular, já que desconhecem a luta pela existência.

Existe, portanto, um conflito latente e grave entre as necessidades do comércio e o fato de o nativo se sentir um homem livre. As riquezas da região não podem ser exploradas, pois o negro não tem nisso senão um interesse mínimo. Como fazer para educá-lo ao trabalho? Como obrigá-lo a isso?

"Tratemos de criar-lhe o maior número possível de necessidades e ele trabalhará para satisfazê-las", dizem ao mesmo tempo o Estado e o comércio. O Estado cria-lhe essas necessidades impostas, sob a forma de impostos. Na nossa região, cada indivíduo de mais de 14 anos paga um imposto *per capita* de cinco francos, e já se fala em dobrá-lo. Um homem que tem duas mulheres e sete filhos com mais de 14 anos será obrigado, portanto, a reunir 100 francos por ano e fornecerá assim mais trabalho ou mais produto ao comércio. Por seu lado, o negociante cria necessidades ao nativo, oferecendo-lhe mercadorias úteis, como tecidos e ferramentas, além de outras inúteis, como tabaco e artigos de toucador; ou mais nocivas, como o álcool. Os objetos úteis não bastarão nunca para a obtenção de um rendimento de trabalho satisfatório. As futilidades e a cachaça contribuem muito mais. Que é que se oferece ao comprador na selva? Certa vez fiz um negro mostrar-me as mercadorias que tinha à venda na beira dum pequeno lago; trabalhava num armazenzinho por conta dum patrão branco. Atrás do balcão irrompia o tonel de rum para venda a varejo, bem envernizado e reluzente. Ao lado, caixas com folhas de tabaco e latas de querosene. Notei, além disso, facas, machados, serras, pregos, parafusos, máquinas portáteis de costura, ferros de engomar, fio para redes de pesca, pratos, copos, bacias esmaltadas de todos os tamanhos, lâmpadas, arroz, latas de conserva de todo gêne-

ENTRE A ÁGUA E A SELVA

ro, sal, açúcar, pano para ternos, tecidos para mosquiteiros..., navalhas ordinárias, lâminas *Gillette*, uma rica escolha de colarinhos, gravatas, camisas de mulher com rendas, calças com fitinhas, coletes, corpetes, calçados elegantes, meias, gramofones, sanfonas e toda uma série de artigos de fantasia. Entre estes últimos se notavam diversos pratos montados sobre pequenos suportes.

– Para que isso? – perguntei. O negro mexeu numa chave, deu corda ao lado do suporte e então vi que se tratava duma bonita caixinha de música!

– Tem muita procura. Não há mãos a medir – explicou-me o negro. – Todas as mulheres das redondezas querem ter um desses pratos que tocam música, e atormentam os maridos até que arranjem dinheiro e o comprem.

Os impostos e o aumento de necessidades poderão por certo induzir o nativo a trabalhar mais do que pretenderia; mas pouco ou nada se fez educando-o realmente para o trabalho. Fez-se assim do nativo um homem ávido de dinheiro para prazeres, e não um trabalhador conscencioso e sensato. Oferecendo seus serviços, ele pensa apenas em arranjar o máximo de dinheiro pelo mínimo de esforço e só trabalha se o patrão não sair de perto.

Não faz muito tempo contratei uns negros para a construção duma nova cabana para o hospital. Quando fui ver, ao fim da tarde, nada havia sido feito. No terceiro ou quarto dia me zanguei; então um deles, que não era dos piores, retrucou:

– Escusa de gritar. A culpa é do doutor mesmo. Se ficasse perto da gente, o trabalho rendia. Mas o patrão só fica perto dos doentes, de maneira que a gente não faz nada.

Já agora adotei o seguinte método: nos dias em que tenho qualquer obra, tiro duas ou três horas do meu expediente de consultório e de enfermaria. E fico perto dos operários, e os obrigo a trabalhar tanto que só os mando embora quando estão com o suor escorrendo no corpo. Pelo menos a tarefa é feita.

Com o aumento das necessidades apenas se conseguiu chegar a um resultado relativo, pois o nativo só se torna um trabalhador regular na medida em que passou, de certa forma, da condição de homem livre para a de homem dependente. Pode-se tentar aí chegar por diversos processos. Inicialmente, é preciso durante certo tempo impedir que ele volte à sua aldeia. Os exploradores florestais e os plantadores não contratam de modo algum gente das redondezas; engajam por um ano rapazes pertencentes a tribos afastadas, fazendo-os vir por via fluvial. Os contratos de trabalho são feitos pelo Estado e elaborados num princípio de humanidade e de maneira racional. No fim da semana, o trabalhador recebe só a metade do salário. O resto é posto de lado e só lhe será entregue no fim do ano, na ocasião em que o branco terá de mandá-lo de volta para sua aldeia. Tais dispositivos têm por fim evitar que o dinheiro ganho seja gasto imediatamente e que os coitados regressem à casa com as mãos vazias. A maioria dos rapazes se engaja a fim de juntar o dinheiro necessário para a aquisição duma esposa.

Qual é o resultado dessas medidas? Os trabalhadores, trazidos de longe, são obrigados a aguentar firme durante um ano inteiro por lhes faltar dinheiro para o regresso às suas aldeias distantes. Há alguns que se tornam mesmo operários realmente úteis. Muitos, contudo, passam a sofrer de nostalgia. Outros não podem suportar uma alimentação à qual não estão habituados (víveres frescos faltando, há que alimentá-los quase que só com arroz). Grande número se entrega ao álcool. Úlceras e outras doenças se propagam facilmente entre esses negros, que atulham cabanas insalubres. Apesar de todas as precauções, botam fora o salário assim que o contrato termina e no mais das vezes regressam às aldeias tão pobres como quando de lá saíram.

O negro vale enquanto está na sua aldeia, onde tem o apoio moral da família e dos parentes. Uma vez saído do seu meio, perde os seus poucos princípios de moralidade. Os conglomerados de trabalhadores nativos sem família são focos de desmoralização. Contudo, o comércio e as plantações se veem obrigados a favorecer a formação desses conglomerados, pois não podem existir sem eles.

O aspecto trágico da questão é que os interesses da civilização e da colonização não coincidem, mas são sob vários pontos antagônicos. O progresso da civilização se serviria melhor deixando os habitantes das selvas em suas aldeias e ensinando-os a exercer um ofício, a cultivar as plantações, a cultivar o cacaueiro e o cafeeiro para a venda, a construir casas de tábuas ou de tijolos, em vez de cabanas de bambu, e aí levar vida ordeira e tranquila. Mas a colonização exige a mobilização do maior número possível de homens, a fim de tirar o rendimento máximo das fontes naturais das regiões. Sua palavra de ordem é produzir o mais possível para que os capitais aplicados em empreendimentos rendam e para que a metrópole possa importar da sua colônia aquilo de que carece. Ninguém é responsável pelo grave conflito de interesses que aí se estabelece. As circunstâncias é que criaram isso. E isso ainda se acentua mais se o nativo pertence a um nível ainda mais baixo da escala social e se seu país é menos povoado. O zulu, por exemplo, pode entregar-se à agricultura e à criação de gado. Por esforço próprio chega a tornar-se agricultor sedentário ou pequeno artesão. A densidade de população em seu país é tal que o comércio dos europeus sempre encontra a mão de obra de que precisa. Os problemas do desenvolvimento da população e da civilização são, portanto, infinitamente menos árduos que em países de selvas povoados de primitivos. Quanto a estes últimos, pode acontecer que a colonização econômica se faça a expensas da civilização e da própria existência da população.

Qual é a ação educadora realizada pela tão discutida obrigação do trabalho por parte do governo? Que se entende por trabalho obrigatório?

Todo e qualquer nativo que não exercer um ofício regular determinado é obrigado a trabalhar, por ordem do governo, num serviço de comerciante ou agricultor, durante certo número de dias por ano. No Ogooué inferior esse sistema não existe. A administração colonial do Gabão tem por princípio funcionar sem tais medidas. Na África alemã o trabalho obrigatório que é praticado de maneira metódica, mas com circunspeção, dá, no dizer de alguns, bons resultados e, no dizer de outros, maus resultados.

Em minha opinião o trabalho obrigatório não é falso em princípio, mas na prática muito difícil de ser realizado. Numa colônia não se pode dispensar o trabalho obrigatório. Se eu fosse funcionário e um agricultor viesse queixar-se a mim de que sua gente o abandonara em plena safra do cacau, e que os homens das aldeias vizinhas se negam a ajudar nesse momento crítico, eu me consideraria no direito e dever de pôr à sua disposição tantos homens dessas aldeias quantos lhe fossem necessários para salvar a safra, em troca de salário habitual.

Mas a generalização do trabalho obrigatório se complica pelo fato de que, para os homens trabalharem certo número de dias numa empresa, precisam deixar sua aldeia e sua família e efetuar um percurso de muitos quilômetros. Quem os alimentará durante a viagem? Que será deles se caírem doentes? Quem me garante que a empresa não os requisitará exatamente quando for a época de plantações em sua aldeia ou na ocasião mais propícia para a pesca? A empresa não os reterá mais tempo do que tem direito, sob o pretexto de que não trabalharam? Ela os tratará bem? Corre-se o risco de ver o trabalho obrigatório se transformar sub-repticiamente numa espécie de escravidão.

O problema do trabalho obrigado assemelha-se à exploração das colônias pelo sistema de "concessões". Que se entende por "concessão"? Outorga-se por algumas dezenas de anos um vasto território a uma sociedade que disponha de capitais sob a obrigação de explorá-lo. Nenhum outro comerciante terá o direito de se estabelecer no local. Suprimida assim toda e qualquer concorrência, os nativos ficam em estreita dependência da sociedade e dos seus empregados. Mesmo que no documento escrito os direitos de soberania do governo permaneçam reservados, na verdade a sociedade comercial substitui mais ou menos o governo na maioria desses direitos, em particular quando o nativo deve pagar-lhe impostos sob a forma de produtos agrícolas ou em prestações, impostos esses que a empresa transmite em seguida em espécies ao Estado. Essa questão das concessões já foi bastante debatida outrora, pois tal sistema levara a deploráveis abusos no Congo belga. Não ignoro seus perigos. Mal dirigido, tal sistema pode chegar ao resultado de ser o nativo entregue à sociedade comercial como um objeto, privado de todos os seus direitos. Mas também há seu lado bom. O curso superior do Ogooué foi cedido em concessão à "Sociedade do Alto Ogooué", fundada por oficiais franceses que serviram nas colônias. Conversei a respeito da questão "concessão" com agentes dessa sociedade hospitalizados aqui e soube também desse caso sob outro aspecto. Como a sociedade comercial não precisa contar com a concorrência em razão da concessão, pode proibir, como faz a "Sociedade do Alto Ogooué", a venda de álcool em seu território e oferecer em seus armazéns apenas a boa mercadoria, excluindo as futilidades. Dirigida por homens de visão ampla, ela é capaz de exercer uma ação educadora. E como a região lhe pertence por certo tempo, tem interesse em administrar de maneira racional, e não cederá tão facilmente à tentação de praticar uma política depredadora.

Em suma: deve-se repudiar o princípio do trabalho obrigado se ele consiste no fato de o Estado pôr os nativos à disposição de pessoas físicas. O próprio Estado já tende bastante a impor aos negros trabalhos de utilidade pública sob a forma de esforços sem fins lucrativos. Tem de recrutar remadores e carregadores para os funcionários em viagem, decretar horários de turmas para a construção e conservação de estradas, bem como, segundo as circunstâncias, fazer requisições de víveres para alimentar suas tropas e seu pessoal.

Há duas coisas extremamente difíceis na África. O abastecimento regular de alimentos frescos em povoações maiores e a conservação das estradas que atravessam a selva. Uma e outra serão tanto mais difíceis quanto a população for mais rara e em grandes distâncias. Falo por experiência. Para mim é dificílimo reunir os víveres necessários aos meus dois enfermeiros e aos doentes do meu hospital, cujas casas são longe demais para que lhes seja trazido das respectivas aldeias tudo de que têm necessidade. Às vezes sou obrigado a recorrer a medidas de rigor e exigir que todos os que venham se tratar façam a entrega prévia de certa quantidade de pencas de banana e bastões de mandioca. Travam-se discussões sem fim de pacientes que afirmam ignorar essas prescrições ou declaram que quase não dispõem de alimentos. Quanto aos

ENTRE A ÁGUA E A SELVA

que estão gravemente enfermos ou que vêm de longe, trato-os, mesmo que não tenham trazido seu modesto tributo. É que, por mais severo que eu me mostre a fim de obter essas entregas, já me tem acontecido de mandar embora doentes por não poder mais nutri-los. O posto missionário que precisa alimentar de cem a cento e cinquenta crianças de suas escolas se sente às vezes em situação semelhante. Tem acontecido de os missionários se verem obrigados a fechar a escola e enviar os alunos às aldeias por não poderem alimentá-los.

As aldeias mais próximas das sedes de representantes da administração são naturalmente as mais atingidas pelas tarefas e requisições. Seja qual for o espírito de equidade do governo, nem por isso deixam os nativos de sentir que a exigência é desagradável e tendem a emigrar para regiões mais afastadas, onde serão deixados em paz. Então a exigência toma outra forma. Os nativos são proibidos de abandonar suas aldeias, e as demais aldeias afastadas recebem ordem de se fixar em um ponto determinado das vias coloniais ou do rio... é necessário que seja assim, mas ao mesmo tempo é trágico que precise ser assim. E as autoridades devem vigiar em caráter permanente para que apenas em caso de necessidade absoluta seja feito uso de coerção.

Nos Camarões a selva é atravessada por uma rede de caminhos bem conservados que causa admiração a todos os coloniais estrangeiros. Mas o grande trabalho que isso representa não se faz a expensas da população e de seus interesses vitais? Fico pensativo quando me informam que se chega a requisitar mulheres para o trabalho pesado de conservação desses caminhos. Jamais deveria acontecer, como é o caso muitas vezes, que a colônia prospere ao passo que a população nativa diminua de ano em ano. O presente vive então à custa do futuro e o déficit final se revelará cedo ou tarde.

A manutenção da população autóctone deve ser a primeira finalidade duma política colonial saudável.

Ajunta-se ao problema da mão de obra o da emancipação. Não creio que seja necessário fornecer uma instrução elevada às populações das nações constituídas até agora de povos primitivos. Aqui a civilização não deve começar pelo saber intelectual, e sim pelos ofícios e pela agricultura, que criam condições econômicas necessárias ao desenvolvimento duma civilização superior. Todavia, a administração e o comércio precisam de nativos suficientemente instruídos para trabalhar em armazéns e repartições. Desde logo as escolas são levadas a elevar seu nível acima do comum e a formar nativos capazes de escrever direito a língua dos brancos e fazer cálculos já um tanto mais difíceis. Graças à inteligência de certos nativos, os resultados no domínio dos conhecimentos são com certa frequência notáveis. Um secretário negro veio me procurar da parte do governo, enquanto um missionário estava aqui comigo. Depois que o alto funcionário negro foi embora, comentamos:

– A respeito de escrever composições não podemos concorrer com ele.

Seu superior lhe põe a redigir os textos mais difíceis e levantar as estatísticas mais complicadas. A verdade é que se desincumbe disso mais do que satisfatoriamente.

Mas que advirá dessa gente? Tais indivíduos são desarraigados, como os outros, dentre eles, que vão trabalhar no estrangeiro. Vivem nas feitorias expostos sempre às tentações do álcool e da fraude, a que os nativos cedem tão espontaneamente. São bem remunerados. Mas como os alimentos são caros e tais empregados têm como todos os nativos o vício ou a paixão do desperdício, vivem sempre com embaraços de dinheiro e muitas vezes atrapalhados. Não pertencem mais aos negros comuns nem podem, todavia, juntar-se aos brancos, formando uma espécie de classe intermediária. O secretário negro, a que acabo de me referir, dizia recentemente à mulher de um missionário: – Ah! Nós intelectuais entre os nativos somos mal favorecidos. As mulheres daqui são muito broncas para ser nossas esposas. Deveriam mandar vir mulheres das classes superiores de Madagascar para se casarem conosco!

A ascensão de classe constitui uma desgraça para muitos nativos.

A emancipação pelo enriquecimento não desempenha aqui um papel de destaque, mas em outras colônias, sendo mais perigosa que aquela pela instrução.

Outros problemas sociais decorrem das importações europeias. Antigamente os negros exerciam grande número de profissões: esculpiam em madeira excelentes utensílios domésticos, confeccionavam cordas e barbantes de fibras, caules e folhas e faziam muitos outros objetos. Também recolhiam sal do mar. Essas profissões primitivas, bem como outras, foram arruinadas pela importação de mercadorias europeias. A bacia e o pote de folha ou esmalte substituíram o simples alguidar fabricado pelo artesão nativo. Ao redor de cada aldeia jazem montes de utensílios enferrujados. Muitas das várias técnicas nativas já foram esquecidas de todo. Só existem velhas que ainda sabem fazer barbante com fibras de caules e fio de costura com fibras de folhas de abacaxi. Mesmo a arte de produzir canoas vem caindo em desuso. De forma que as profissões nativas vão se atrofiando, ao passo que um verdadeiro progresso civilizador exigiria a formação de um artesanato competente.

A importação do álcool é um sério perigo social, e apenas nos damos conta dele comparando a cifra de importação anual de álcool com o número da população. Basta, aliás, ver nas aldeias os filhos se embriagarem com os pais. No Ogooué, funcionários, negociantes, missionários e chefes africanos são unânimes em declarar que a importação do álcool devia ser interditada. Mas por que não a interditam? Porque a cachaça é ótimo artigo aduaneiro. As somas que rendem anualmente os direitos de entrada são uma das receitas mais fortes da colônia. Se tal lucro fosse suprimido, haveria déficit no orçamento. Sabe-se que as finanças das colônias africanas de todas as nações europeias não são nada menos que brilhantes. Os direitos arrancados através do álcool têm ainda a vantagem de poderem ser aumentados a cada ano, sem que o consumo baixe sequer um litro. As coisas chegaram a tal ponto que aqui como nas outras colônias a administração declara:

– Suprimir o álcool? Pois não. Concordamos. Preferivelmente já. Contudo, antes de qualquer coisa, me indique um meio de cobrir o déficit que isso resultará para o orçamento.

Ora, nem mesmo os maiores adversários do álcool conseguem apresentar propostas viáveis. Quando será encontrada a saída para esse dilema absurdo? Tudo que nos resta esperar é que apareça um dia um governador que coloque o futuro da colônia acima das apreensões financeiras do momento e se arrisque a administrar a colônia durante alguns anos com déficit, mas suprima assim mesmo o álcool.[1]

Não cometo nenhuma indiscrição informando que a maior parte da aguardente para a África... é importada do comércio norte-americano.

---

1. No ano de 1919, tal tentativa do governador foi aplaudida por toda a colônia.

Frequentemente se afirma que o alcoolismo entre os nativos dominaria mesmo sem a importação do álcool. Isso é uma bobagem. Álcool mesmo, fabricado neste país, só há o vinho de palmeira que pode ser levado em conta. Mas esse não constitui um verdadeiro perigo. O vinho de palmeira é o seu suco fermentado. Mas a incisão das árvores e o transporte de recipientes custam trabalho, longe da aldeia, por entre a floresta, pois a lei proíbe fazer incisão nas árvores. Além disso, o vinho de palmeira não se conserva. Sem dúvida permitirá que os habitantes desta ou daquela aldeia se embriaguem mais de uma vez durante o ano, por ocasião das grandes festividades. Contudo, não constitui um perigo permanente como a bebida alcoólica que se vende nas feitorias. O sabor do vinho de palmeira recente é de mosto de uva em fermentação. E na verdade, quando puro, não embriaga mais do que este último. Mas os nativos têm o hábito de lhe ajuntar certas cascas de árvores que causam uma embriaguez violenta.

A poligamia é outra grave questão social aqui. Desembarcamos na África com o ideal da monogamia. Os missionários lutam por todos os meios contra a poligamia e exigem sem cessar, de forma veemente, que o governo a proíba por lei. Por outro lado, todos nós que aqui estamos devemos confessar que ela está ligada intimamente às condições econômicas e sociais da região. Onde a população vive em cabanas de bambu e onde a sociedade não está organizada de maneira a permitir às mulheres que ganhem sua vida com um trabalho independente, não há lugar para a mulher celibatária. Ora, a poligamia é a principal razão do casamento de todas as mulheres.

Além disso, não há nas selvas vacas nem cabras leiteiras. A mãe se vê, portanto, obrigada a amamentar durante muito tempo o próprio filho para que ele não pereça. A poligamia respeita o direito do filho. Depois de haver dado à luz, a mulher tem o direito e o dever de viver só para o filho durante três anos. Não é mais a esposa em primeiro lugar, agora é, acima de tudo, mãe. Passa a maior parte do tempo na casa de seus pais. Ao cabo de três anos celebra-se a festa da desmama, e a mulher entra novamente como esposa na cabana do marido. Mas só se pode conceber esse período consagrado ao filho se o marido, durante todo esse tempo, tiver uma ou várias outras mulheres que se ocupem do lar e das plantas.

Outro ponto. Entre esses povos primitivos jamais encontramos uma viúva e um filho em estado de abandono. O parente mais próximo do marido herda a viúva e deve tratar também do filho. De direito ela se torna sua mulher, mas em seguida pode, com seu consentimento, casar com outro homem.

Abalar os fundamentos da poligamia nos povos primitivos equivaleria a fazer ruir todo a sua organização social. Poderemos fazer isso sem estarmos em condições de estabelecer, ao mesmo tempo, uma nova ordem social adaptada às circunstâncias? A poligamia não continuaria a existir de fato, com a única diferença de que as mulheres adicionais, até então legítimas, seriam consideradas como ilegítimas?

Essas questões preocupam demais os missionários.

Quanto mais melhorarem as condições econômicas, mais fácil será a luta contra a poligamia. Tão logo um povo habitar casas bem construídas com diversos aposentos, se devotar à criação de gado e à agricultura, a poligamia desaparecerá por si só, pois já não será requerida pelas condições de existência nem se harmonizará mais com elas. No povo de Israel, graças ao progresso da civilização, a monogamia substituiu sem luta a poligamia. No tempo dos profetas os dois costumes ainda coexistiam. Mas no tempo de Jesus não havia mais poligamia.

A missão deve por certo fazer da monogamia um ideal e uma exigência do cristianismo. Entretanto, o Estado cometeria um erro pretendendo impô-la por via legal. Quanto ao que posso julgar até agora, seria igualmente um erro identificar a luta contra a imoralidade com a luta contra a poligamia.

As mulheres de um mesmo marido vivem geralmente em harmonia. A mulher negra não gosta de ser a única esposa, pois deverá então prover sozinha a manutenção da plantação, que cabe à esposa. Ora, o trabalho agrícola é penoso, porque as glebas ficam geralmente fora da aldeia, em um local afastado.

O que notei na poligamia, em casos apresentados aqui no hospital, não lhe conferiu um aspecto odioso. Certo dia vi chegar, acompanhado de suas duas jovens esposas, um soba doente e já de certa idade. Tendo-se seu estado tornado inquietante, apareceu inopinadamente uma terceira mulher que tinha muito mais idade do que as outras. Era a sua primeira esposa. Desde esse dia permaneceu sentada no leito do marido, apoiando-lhe a cabeça no seio e dando-lhe de beber. As duas jovens esposas lhe testemunhavam respeito, cumpriam suas ordens e cozinhavam.

Não raro sucede nesta região vermos um rapaz de 14 anos se apresentar como "chefe de família". Vou dar a razão: o rapaz herdou dum parente falecido a mulher com os respectivos filhos. A mulher pode contratar casamento com outro homem; mas os direitos e deveres do jovem herdeiro em relação a tais crianças nem por isso mudam. Se são do sexo masculino, incumbe-lhe mais tarde comprar-lhes esposas; se são do sexo feminino, incumbe-lhe receber o dinheiro, futuramente, dos que desejarem se casar com as moças.

Deve-se lutar contra a compra de mulheres ou tolerar isso? Se entrega uma jovem ao indivíduo que oferecer maior quantia e nem sequer a consultam, claro que se deve protestar. Mas a questão em si da compra das esposas é assunto que deve ser considerado com muita ponderação. Afinal de contas o fato, segundo o hábito do país, de um homem que procura uma jovem pagar à família certa soma é, no fundo, tão represensível quanto o hábito do dote na Europa. Vem a dar no mesmo, afinal de contas, que o homem deposite ou receba dinheiro por ocasião do seu casamento. Ambas as hipóteses tratam de um negociação financeira baseada em convenções sociais que se encerram com o casamento. O que importa entre nós e entre os povos primitivos é que tal costume permaneça um fator acessório e não constitua, absolutamente, o ponto determinante da escolha pela família. Não nos cumpre, portanto, combater a compra de esposa, propriamente; devemos exercer sobre os nativos uma ação educadora para que a moça não seja entregue a quem pagar mais, e sim àquele que a puder tornar feliz e pelo qual ela sinta qualquer atração.

Aliás, as moças aqui não são em geral desprovidas de força de vontade a ponto de se deixarem vender ao primeiro que apareça com a melhor oferta. É verdade que o amor não desempenha um grande papel, sendo o casamento um fenômeno diverso do que se passa na Europa. Os filhos dessa terra não conhecem o romantismo. Em geral os matrimônios são decididos em conselho de família. E o casal costuma dar-se bem.

Quase todas as moças se casam aos 15 anos. Quase todas as alunas da escola missionária já têm um noivo determinado e se casarão logo que deixarem a escola.

Pode acontecer que jovens sejam prometidas em casamento antes mesmo que nasçam!... Certo missionário me contou que um indivíduo devia 400 francos a outro. Em vez de pensar em pagar a dívida, comprou uma mulher e tratou de se casar. Durante o festim do casamento, apareceu o credor e cobriu-o de censuras. Então achou melhor se casar, hein? Isso de pagar dívidas não interessava, hein?! A *palaver* começou. Por fim alguém teve a ideia de fazer o recém-casado prometer a próxima filha ao credor. Este anuiu, sentou-se ao festim, tomou parte nas festividades. Dezesseis anos mais tarde apresentou-se como pretendente à filha do casal e tudo decorreu bem. Desta forma a dívida foi resgatada.

Segundo minhas conversas com brancos mais competentes e experientes desta região, acabei me convencendo de que devemos melhorar as leis e os costumes existentes, e não alterar nada sem necessidade.

Uma palavra ainda para finalizar a respeito das relações entre brancos e negros. Que espécie de relações devo estabelecer com um negro? Devo tratá-lo como igual ou como inferior?

O que me cumpre é mostrar-lhe que respeito a dignidade de todo ser humano; é preciso que ele perceba isso. O essencial é que exista um espírito de fraternidade. Mas até que ponto esse espírito de fraternidade se deve manifestar nas relações cotidianas? Mera questão de oportunidade. O negro é como uma criança. Sem autoridade não se obtém nada de uma criança. Por consequência, preciso estabelecer fórmulas entre nossas relações de maneira que a minha autoridade natural se manifeste. Defino da seguinte forma a minha atitude para com o primitivo: "Sou teu irmão, mas teu irmão mais velho".

Aliar a bondade à autoridade, eis o segredo das verdadeiras relações com os nativos. Um dos nossos missionários, o senhor Robert, deixou a Sociedade das Missões há alguns anos para viver inteiramente entre os negros, como irmão. Construiu um casebre perto duma aldeia entre Lambaréné e N'Gômô e fez questão de ser considerado pertencente à tribo. Daí por diante, sua vida foi um martírio. Perdeu a influência, pois renunciou a guarda de distância que deve existir entre brancos e pretos. Sua palavra não teve mais o valor da "palavra dum branco"; pelo contrário, a propósito de tudo tinha de discutir de igual para igual com os negros.

Antes da minha vinda para a África, quando missionários e comerciantes me diziam ser indispensável que a autoridade exterior do branco fosse mantida, eu achava isso pouco cordial e pouco espontâneo como caridade fraternal. E continua sendo este o conceito quando o problema é julgado lá longe, na Europa. Mas acabei presenciando aqui que a maior cordialidade se pode aliar à manutenção do prestígio exterior; a cordialidade só é mesmo possível mediante essa condição.

Um missionário solteiro de N'Gômô – esta história data de alguns anos – permitia que seu cozinheiro o tratasse sem formalidades. Certo dia o governador chegou e o dito missionário subiu a bordo do navio oficial a fim de apresentar suas homenagens a tão alta autoridade. E estava postado, todo de branco, no meio de funcionários e oficiais, quando um negro de boina enterrada para um lado e cachimbo fincado nos dentes entrou no grupo e lhe disse: "Como é? Que devo fazer hoje para o jantar?". O cozinheiro quis tornar público em que bons termos se achava com o patrão.

Mas nem por isso o problema da autoridade é resolvido quando o branco evita sistematicamente resquícios de familiaridade. O problema tem um grau teórico e prático. O branco só consegue ascendência real quando o nativo o respeita. Não se deve imaginar que o primitivo nos dispense alta consideração pelo fato de termos mais instrução e poderio do que ele. Essa superioridade lhe parece tão natural e fora de discussão que nem entra em discussão. O branco, tomado isoladamente, não se impõe aos negros pelo fato de a raça branca ter estradas de ferro e navegação a vapor ou mesmo aérea. Joseph não cessa de dizer: "Os brancos são sabidos, podem tudo".

O nativo não é capaz de avaliar o esforço intelectual que representam as conquistas técnicas. Mas ao tratar com um branco, sente com intuição infalível se este é uma personalidade mesmo e se tem força moral. Se isso ocorrer, a autoridade espiritual é possível. De outra forma, não há hipótese de fazê-la surgir. Como julgamentos de valor, o nativo só conhece os elementares e julga com o mais elementar de todos, o julgamento moral. Quando encontra a bondade unida à justiça e à veracidade, a dignidade interior por trás da dignidade exterior, então se inclina e reconhece seu mestre; quando não as encontra, permanece insolente, não obstante manifestações servis, dizendo: "Este branco não vale mais do que eu, porque não é melhor do que eu".

Não digo nada dos muitos incapazes nem dos indivíduos pouco respeitáveis que chegam a todas as colônias. Mas reconheço que mesmo individualidades morais e idealistas encontram dificuldade em ser aqui o que desejavam ser. Todos nos sentimos cansados dos formidáveis conflitos entre o europeu, para quem o trabalho é uma necessidade interior, que tem senso de responsabilidade e não quer perder tempo, e o nativo, que não sabe o que seja a responsabilidade, a obrigação ou o tempo.

No fim do ano, o funcionário deve ter obtido determinada cota de trabalho dos nativos com relação à construção e conservação de estradas, determinada porção de tarefa dos carregadores e dos remadores, tanto de impostos arrecadados. O comerciante e o agricultor devem fornecer às suas empresas um lucro em proporção com o capital investido na empresa. Assim, vivem permanentemente às voltas com homens que pouco se importam com suas responsabilidades, que só trabalham mediante exigência e que aproveitam qualquer falta de vigilância para relaxar o serviço, pouco se importando com os prejuízos que advenham. Nesse conflito de cada dia e de cada hora com o nativo, não há um só branco que não corra perigo duma ruína moral crescente.

Minha mulher e eu tínhamos em grande estima um explorador florestal recentemente aqui chegado. Sendo de excelente coração, dava provas de grande humanidade para com os nativos e não tolerava que seus feitores exercessem a mínima violência em seus trabalhadores. Mas na primavera lhe sucedeu o seguinte: dispunha de grande quantidade de mogno abatida num alagadiço a uma centena de quilômetros daqui, quando um telegrama da firma lhe ordenou que fosse a Lambaréné liquidar correspondências urgentes. Isso no momento exato em que as águas começaram a subir. Pediu aos feitores e aos trabalhadores que aproveitassem bem a pequena temporada de enchente, de forma que toda a madeira deveria ser levada para o rio. Quando as águas baixaram e ele voltou, nada havia sido feito. As turmas tinham bebido, fumado e dançado. A madeira, que permanecia desde algum tempo no alagadiço, estava em grande parte perdida e o negociante ficava, perante a empresa, com a responsabilidade pelo prejuízo. Os trabalhadores tinham agido levianamente porque não o temiam o bastante. Essa experiência transformou-o completamente. Hoje, discute com todo aquele que pretende conseguir dos negros alguma coisa sem se servir duma disciplina inflexível.

ENTRE A ÁGUA E A SELVA

Faz pouco tempo, descobri que os cupins tinham penetrado numa caixa colocada debaixo da varanda da minha casa. Esvaziei-a, quebrei-a e entreguei os pedaços ao negro que me ajudara nesse serviço, dizendo-lhe:

– Está vendo só? Cupins que não acaba mais. Não leve essas tábuas ao hospital nem as ponha no quartinho da lenha, do contrário as formigas se alastram pelo madeirame das barracas. Desça até ao rio e atire-as na correnteza.

– Pois não, pois não. Pode ficar tranquilo.

Já era de noite. Fatigado demais para descer o morro mais uma vez, resolvi, excepcionalmente, confiar na promessa dum nativo que, aliás, não era sujeito bronco. Mas às dez horas da noite comecei a ficar preocupado a tal ponto que, de repente, peguei na lanterna e desci até ao hospital. Os pedaços de tábuas infestados de cupins estavam jogados no quartinho da lenha! Com preguiça de descer alguns metros até à beira do rio, o negro não se incomodara de pôr as nossas barracas em perigo!

Quanto maiores forem as responsabilidades que pesam sobre um branco, mais ele corre o perigo de se tornar duro em relação aos nativos. Os missionários incorrem mais facilmente na inclinação de fazer juízo muito teórico contra certas atitudes dos brancos. Para eles a luta é muito menos áspera no que diz respeito às relações de trabalho com os negros, pois não têm, como os funcionários, os plantadores, os exploradores florestais e os comerciantes, ensejo de verificar com frequência os apuros em que os nativos nos põem em coisas de responsabilidade e serviço. Não me arrisco a fazer julgamentos sobre brancos desde que aprendi a conhecer não só a mentalidade como os encargos do homem branco que tem de realizar aqui uma tarefa material. Acredito piamente que os homens que falam hoje sem caridade dos nativos chegaram à África cheios de idealismo; mas os conflitos cotidianos os esgotaram e desencorajaram, pouco a pouco.

Aqui é dificílimo conservar de todo uma índole humanitária, um temperamento moral que possibilitem a pessoa tornar-se portadora e mensageira da civilização. E este é o aspecto trágico do problema dos brancos perante os negros, tal como se apresenta na selva.

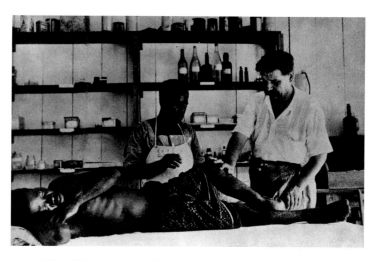

Albert Schweitzer assistido por enfermeiro nativo em seu hospital
Créditos: Album/akg-images/Akg-Images/Latinstock

CAPÍTULO VIII

NATAL DE 1914

Natal de guerra nas selvas! Quando as velas da pequena palmeira que nos servia de árvore do Natal ficaram gastas pela metade, tratei de apagá-las.

– Que é que você está fazendo?! – admirou-se minha mulher.

Respondi:

– São as únicas de que dispomos, e têm de servir ainda para o ano que vem!

Ela meneou a cabeça.

Em 4 de agosto, dois dias depois de nosso regresso de Cabo Lopez, preparei alguns remédios destinados a uma senhora dessa localidade e mandei Joseph a uma feitoria indagar se seu vapor poderia levar o embrulho de medicamentos na próxima viagem até ao litoral. Joseph trouxe-me um bilhete do branco: "Começou a mobilização na Europa. Provavelmente vai haver guerra. Nosso vapor será requisitado pelas autoridades, a cuja disposição já o pusemos; ignoramos quando navegará rio abaixo".

Levamos vários dias para entender que uma guerra havia eclodido na Europa. Desde o começo de julho não recebíamos correspondência de lá e ignorávamos todas as complicações que provocaram esse trágico acontecimento.

O que se passava custou muito a ser assimilado pelos nativos. Quase todos eles, sendo católicos, se interessavam mais, no outono, pela eleição do Papa do que com a guerra.

– Doutor – perguntou-me Joseph, durante uma viagem de canoa –, como é que os cardeais escolhem o Papa? Escolhem o mais velho, o mais piedoso ou o mais inteligente?

– Ora o mais velho... Ora o mais piedoso... Ora o mais inteligente. Conforme as circunstâncias, Joseph.

No princípio, os trabalhadores negros não consideravam a guerra uma desgraça. Durante várias semanas seus patrões os deixaram à vontade, quase não lhes dando nem lhes exigindo serviço. Viviam em grupos, discutindo as notícias que chegavam da Europa. Mas já agora os nativos principiam a compreender que a conflagração europeia terá consequências para eles. De que maneira, sem navios, se poderá transportar madeira? Por isso as empresas de exploração florestal dispensam os trabalhadores estrangeiros que tinham contrato por um ano. E como não há navios para os repatriar, estes se reúnem em bandos e procuram ganhar, a pé, a costa de Loango, donde quase todos eles são originários.

Além disso, o tabaco, o arroz, o açúcar, o petróleo e o álcool tendo subido muito de preço, os negros já compreenderam que há mesmo guerra. Eis o aspecto do fato geral que mais os preocupa por enquanto e de maneira mais imediata. Ainda um dia destes, enquanto eu e Joseph fazíamos curativos em ulcerados, ele, conforme seu hábito, começou a se lamentar por causa do encarecimento de tudo ocasionado pela guerra. Disse-lhe, então:

– Joseph, você não deve queixar-se, pensando só em si. Não reparou na apreensão em que vivem os missionários, minha senhora e eu? Para nós a guerra é coisa muito diferente, significa muito mais do que um simples encarecimento desagradável das coisas. Todos nos angustiamos pensando em tantos seres amados; a bem dizer, ouvimos daqui de longe os gemidos dos feridos e o estertor dos agonizantes.

Ele ergueu para mim uns olhos espantados. Percebi que nesse momento ele teve a revelação de qualquer coisa que lhe permanecia encoberta.

Sabemos que muitos nativos se perguntam como é que os brancos que lhes trazem o Evangelho do amor se massacram entre si, agora, desdenhando os ensinamentos de Jesus Nosso Senhor. Quando nos perguntam isso, ficamos sem jeito. Interpelado a tal respeito por negros que refletem, não procuro explicar nem tirar efeito; respondo que nos encontramos na presença de qualquer coisa incompreensível e medonha. Só mais tarde é que se poderá avaliar o prejuízo que a guerra causou à autoridade moral e religiosa que os brancos tinham sobre os negros. Temo que os danos sejam imensos.

Em minha casa faço tudo para que os nativos se ponham o menos possível a par das atrocidades da guerra. Não consinto que os jornais ilustrados que nos chegam – o serviço postal está recomeçando a funcionar – fiquem esquecidos ou jogados por cima das mesas; quero assim evitar que os serventes que sabem ler se interessem pela leitura das notícias e pelo aspecto das fotografias, contando depois aos outros o que souberam.

A atividade médica retomou seu expediente normal. Todas as manhãs, quando desço ao hospital, considero que me foi outorgado um inestimável privilégio, pois posso fazer bem aos meus semelhantes e conservar sua vida humana, no momento em que tantos homens no cumprimento de seu dever são obrigados a guerrear. Esse sentimento me dá forças em meio a qualquer sorte de cansaço.

O último navio que saiu da Europa em tempo de paz me trouxe algumas caixas de medicamentos e de material para curativos. Parte disso é donativo da Sra. Albert Hartmann, de Münster, que se interessa pela minha obra. Estou, portanto, abastecido por diversos meses do material mais indispensável ao funcionamento do hospital. As mercadorias que esse navio não trouxe estão ainda nos armazéns das docas do Havre ou de Antuérpia. Quem sabe quando chegarão? Acaso as receberemos algum dia?

Não sei como poderei continuar a alimentar os meus doentes. Aqui passou a dominar quase a carestia total... por causa dos elefantes. Na Europa é comum se pensar que esses animais selvagens começam a desaparecer por toda parte em que a "civilização" penetra. Talvez isso ocorra em alguns lugares, mas em outros se dá quase o contrário. Por quê? Por três razões. Se a população nativa diminui, como é o caso em muitas áreas, há bem menos caçadas. Além disso, os nativos esqueceram a arte primitiva da caça (primitiva e todavia tão sagaz) com que seus antepassados colhiam em armadilhas os bichos. Atualmente caçam com espingarda. Para evitar eventuais revoltas, as autoridades da África ocidental e da África equatorial permitem a entrega de pouca pólvora aos nativos. Além disso lhes é proibido possuir uma arma de caça bem moderna e só dispõem de velhas espingardas. E, último motivo, a luta contra os animais bravios é levada a efeito com menos energia do que outrora, pois os autóctones não dispõem de tempo. Ganham mais dinheiro trabalhando com a derrubada

ENTRE A ÁGUA E A SELVA

e o transporte da madeira do que caçando. De maneira que os elefantes podem procriar e se multiplicar, visto já não haver quase quem os moleste seriamente.

Disso temos provas fartas. As plantações de bananeiras das aldeias situadas a noroeste do nosso posto e que nos fornecem vêm sendo constantemente devastadas pelos elefantes. Vinte desses animais bastam para pôr abaixo uma grande plantação numa noite apenas. Pisam e esmagam aquilo que não comem.

Os elefantes são um perigo não só para as plantações como para o telégrafo. Disso é infeliz exemplo a linha telegráfica que vai de Libreville a N'Djôle. Primeiro que a grande clareira que atravessa em linha reta a selva é bem tentadora para esses animais. E depois os postes retos e lisos os atraem irresistivelmente. Convêm tanto aos paquidermes que desejam se coçar! Demais a mais esses postes não são assim tão solidamente fincados. Basta que os bichos se apoiem um pouco para que tombem. Sempre há outro, mais adiante.

É assim que um só elefante robusto, às vezes numa única noite, derruba a linha telegráfica numa grande extensão. É lógico que tem de decorrer muito tempo, dias e dias, até que os grupos de vigilância venham a descobrir os pontos arrebentados e os consertem.

Embora os elefantes que rondam as cercanias me causem sérias inquietações no que diz respeito à alimentação dos doentes, ainda não vi nenhum e creio que nunca os enfrentarei. Mantêm-se durante o dia em pantanais inacessíveis e só durante a noite é que vão pilhar as plantações que descobriram previamente.

Um nativo que se acha aqui acompanhando a mulher doente do coração faz bonitas esculturas em madeira e me deu um pequeno elefante talhado. Admirei e elogiei sua obra de arte, mas me permiti observar que o ventre não me parecia muito bem feito. O artista, melindrado, soergueu os ombros.

– O Doutor quererá por acaso me ensinar como é um elefante? A mim, que já me vi deitado debaixo de um que me queria pisar?!

Esse artista era, de fato, também um caçador famoso de elefantes. Para caçar esses animais, os nativos se esgueiram até dez passos do elefante e depois fazem fogo com a espingarda. Se o tiro não for mortal e o animal os descobrir, será difícil que se safem.

Antes, quando não havia bananas para os meus doentes, pelo menos eu dispunha de arroz para alimentá-los. Hoje, nem isso tenho. O que me resta de arroz tenho de ir guardando. Ainda receberemos mais da Europa? Tenho lá minhas dúvidas.

CAPÍTULO IX

NATAL DE 1915

ais um Natal nas selvas e ainda um Natal em tempo de guerra! Os pedaços de velas conservados do ano passado acabaram de arder na árvore comemorativa deste ano.

E que ano difícil! Durante os primeiros meses, tarefas e encargos extraordinários se juntaram ao trabalho habitual. Fortes chuvas de tempestades fenderam e abaixaram o chão sobre o que se apoia a enfermaria maior do hospital. Resolvi, portanto, reforçar nos ângulos com trabalhos de cantaria e abrir através de todo o hospital valas cimentadas para facilitar o escoamento da água que desce do morro. Essas obras exigiram muitas pedras grandes. Algumas foram trazidas em canoas e outras roladas colina abaixo. E sempre foi indispensável a minha presença durante os serviços, tendo mesmo tomado parte neles. A seguir foi preciso levantar muros para o que me valeu muito um nativo, apesar de ter menos prática do que um servente comum. Ainda bem que descobrimos no posto algumas barricas de cimento, um pouco estragado, é verdade. Foram precisos quatro meses para terminar esse trabalho.

Pensei então que poderia descansar um pouco. Mas vim a descobrir pouco depois que, apesar de todas as minhas preocupações, os cupins haviam penetrado nas caixas que continham as reservas de medicamentos e material para curativos. Foi preciso, portanto, abrir essas caixas e transferir tudo para outras. Esse trabalho absorveu de novo todo o nosso tempo durante semanas. Felizmente ainda descobri a tempo, do contrário os prejuízos seriam muito maiores. O cheiro especial, fino de queimado que os cupins exalam foi o que atraiu a minha atenção. Exteriormente, as caixas estavam intatas. A invasão se efetuara pelo fundo, por uma pequena abertura. E da primeira caixa os insetos foram passando para as que estavam em cima e dos lados; enquanto isso devoravam tudo que iam achando. Decerto foram atraídos por um frasco de xarope farmacêutico cuja rolha de cortiça não estava bem fechada.

Oh! A luta na África contra os bichinhos rastejantes! O tempo que a gente perde a se defender e a se acautelar! E que raiva inútil ao ver a todo instante que, apesar de tudo, se malogra sempre!

Minha mulher chegou até a aprender a soldar para poder fechar hermeticamente as latas que contêm farinha e milho. Ainda assim sucede encontrarmos carunchos (*Calandra granaria*) aos milhares e que são temíveis como destruidores. Em pouco tempo reduzem a pó o arroz destinado aos doentes e o milho guardado para as galinhas.

Aqui se tem muito medo de certos escorpiões pequenos e de uma infinidade de insetos daninhos. Por causa deles a prudência vai a ponto de ninguém enfiar às cegas a mão numa gaveta ou numa caixa, como se faz na Europa. Os dedos só se aventuram fiscalizados pelos olhos.

As célebres formigas guerreiras, que pertencem ao gênero *Dorylus*, são inimigas medonhas. Muito nos molestam.

Em suas migrações, marcham em cinco ou seis colunas, em ordem exemplar. Tive ocasião de observar uma vez, não longe de nossa casa, uma coluna cujo desfile durou trinta e seis horas. Se em sua marcha atravessam um terreno descoberto ou um atalho, os "soldados", armados de poderosas mandíbulas, formam uma sebe de espessas filas nos flancos da coluna, protegendo os "operários" que transportam a ninhada. E enquanto formam assim a série de escudos vivos, os "soldados" dão as costas para a tropa itinerante, como outrora faziam os cossacos defendendo a comitiva imperial. E ficam nessa posição durante horas.

Normalmente duas ou três colunas independentes marcham paralelamente a uma distância de cinco a cinquenta metros uma da outra. Em dado momento elas se desmancham. Ignora-se a maneira pela qual o comando é transmitido. Mas, num abrir e fechar de olhos, uma grande superfície se cobre duma lufa-lufa negrejante. Tudo quanto aí se encontra de animal de pequeno porte está perdido. Mesmo as aranhas maiores suspensas nas árvores não conseguem se salvar, pois os terríveis agressores as seguem em bandos até os ramos mais altos. Se, acuadas, se jogam ao chão, aí são atacadas pelas demais formigas que permaneceram no solo. A cena é espantosa. O militarismo das selvas pode-se comparar quase com o da Europa.

Nossa casa fica sobre uma via estratégica dessas formigas. É durante a noite que elas de hábito abrem a campanha devastadora. Um esgravatar e um cacarejar no galinheiro nos advertem do perigo. Urge então não perder um só instante.

Salto da cama, visto-me, corro ao galinheiro e o escancaro. Mal abro a porta e as galinhas se precipitam para fora; caso ficassem presas mais tempo acabariam sendo vítimas. As formigas entram pelas suas narinas e pelo bico e as sufocam; em seguida as devoram em pouco tempo, deixando os ossos limpos. Os pobres pintos são as primeiras vítimas. Geralmente as galinhas arranjam meios de defesa até que chegue socorro.

Nesse ínterim minha mulher pega num chifre suspenso na parede e sopra três vezes. É o sinal compelindo N'Kendju e os homens válidos do hospital a correrem até ao rio e trazerem depressa baldes cheios de água. Mistura-se lisol na água, regando em seguida o chão ao redor e embaixo da casa, que é construída sobre estacas. Durante essa operação somos copiosamente maltratados pelos "soldados", que nos sobem pelas pernas acima e cravam as mandíbulas em nossas peles. Contei certa vez mais de cinquenta no meu corpo. Esses bichinhos mordem com tal força que não conseguimos soltá-los: se forçamos, puxando, o corpo vem nos nossos dedos, mas as mandíbulas restam cravadas na pele, precisando ser tiradas uma depois da outra. Todo esse drama se desenrola na escuridão ou à luz da lanterna que minha mulher segura.

Por fim as formigas se repõem em marcha; não podem suportar o cheiro do lisol. Milhares de cadáveres jazem nas poças.

Certa vez tivemos três invasões numa semana. O missionário Coillard, cujas memórias estou lendo agora, também sofreu muito com as formigas guerreiras do Zambezi.

As principais migrações dessas formigas ocorrem no começo e no fim da estação das chuvas. Entre tais períodos seus ataques são menos temíveis. Todavia, não são maiores do que as formigas vermelhas da Europa. Têm, contudo, as mandíbulas muito mais desenvolvidas e o andar muito mais veloz. Aliás, sempre admirei a notável vivacidade de todas as formigas da África equatorial.

ENTRE A ÁGUA E A SELVA

Joseph despediu-se. Privado dos meus recursos financeiros de Estrasburgo e forçado a contrair dívidas, fui obrigado a baixar o seu ordenado de 70 para 35 francos. Expliquei-lhe que adotava tal medida por haver eu próprio chegado ao último extremo. Ainda assim se despediu, pois "sua dignidade não lhe permitia trabalhar com um salário tão ínfimo". Esvaziamos o cofre onde ele guardava o dinheiro destinado à compra de uma esposa. Continha quase 200 francos. Em poucas semanas desperdiçou tudo. Agora reside com os pais, do outro lado do rio.

Tenho atualmente de me segurar apenas com N'Kendju. É bem vivo e hábil, exceto nos dias de mau-humor, em que fica em estado de franco negativismo. Nesses dias, não se pode contar com ele. Muito do que Joseph fazia preciso eu mesmo tomar conta. Para o tratamento das chagas que supuram, utilizo com bom resultado o metil-violeta que, sob o nome de *Pyoktanin*, a fábrica de produtos Merck lançou no mercado. Cabe ao doutor Stilling, professor de oftalmologia em Estrasburgo, o mérito de haver feito experiências decisivas sobre o poder desinfetante dessa matéria corante preparada sob sua assistência para que eu a teste aqui. Chegou-me pouco antes da guerra, passei a experimentá-la, não sem prevenção. Ora, os efeitos são tais que compensam plenamente os inconvenientes da coloração azulada. O metil-violeta tem a propriedade de matar as bactérias sem atacar os tecidos nem irritá-los, não sendo de forma alguma tóxico. Nesse sentido, é bem superior ao sublimado, ao fenol e à tintura de iodo. Ao médico que clinica na selva é insubstituível. Segundo averiguei até aqui, favorece também e de maneira notável a regeneração da epiderme na cura das úlceras.

Antes da guerra eu tinha começado a cobrar um preço modesto pelos medicamentos entregues a doentes que me pareciam não ser de todo indigentes. Recolhia, assim, de 200 a 300 francos por mês. Se isso representasse uma cota mínima com relação às despesas mensais dos produtos farmacêuticos adquiridos, já valia algo. Hoje em dia não há mais dinheiro no país. Devo entregar quase tudo gratuitamente aos nativos.

Entre os brancos, alguns já se estão no Equador há quatro ou cinco anos e a guerra impede que retornem à Europa. Muitos deles estão exaustos e se veem obrigados a me procurar para tratamento ou, como se diz nestas paragens do Ogooué, para ficarem "no conserto". Doentes dessa categoria permanecem aqui em casa durante semanas. Chegam às vezes dois a três juntos. Cedemos-lhes, então, eu e minha mulher, o nosso quarto de dormir e dormimos na varanda protegida dos mosquitos por uma rede metálica. Não se trata, para ser franco, dum grande sacrifício, pois há mais ar na varanda do que em nosso quarto. Para que tais doentes se restabeleçam, o essencial, bem mais do que remédios, é uma boa alimentação preparada por minha mulher. Fui obrigado a me opor a que doentes de Cabo Lopez se transferissem para Lambaréné, atraídos pelo bom regime, em vez de se tratarem pelo médico daquela localidade. Isso quando ainda havia um médico lá. Felizmente, ainda tenho uma boa provisão de leite condensado para tais doentes. Contraí laços de excelente amizade com diversos desses hóspedes brancos. Minhas conversas com eles, que já residem desde muito tempo nesta região, têm enriquecido meus conhecimentos sobre a terra e os problemas da colonização.

Nossa saúde, sem ser exatamente má, deixa a desejar. É claro que sofremos já da anemia dos trópicos, que se

ENTRE A ÁGUA E A SELVA

manifesta por um grande cansaço. Quando acabo de subir a rampa que vai do hospital à nossa casa no alto do morro, quase não me aguento em pé; contudo, trata-se dum percurso de quatro minutos. Sentimos também esse singular nervosismo que acompanha a anemia dos trópicos. Além disso, nossos dentes estão em mau estado. Minha mulher e eu nos aplicamos reciprocamente obturações provisórias. Posso fazer por ela mais ou menos o que é possível.

Porém, não existe ninguém aqui habilitado a me dar os cuidados dos quais careço, pois estou bem precisado de extrair dois dentes irremediavelmente cariados.

Selva e dor de dente! Que histórias poderiam ser contadas com esses dois temas! Conheço um branco que, há alguns anos, não podendo suportar as dores de dente, disse à mulher:

– Vai buscar o alicate pequeno na caixa de ferramentas! Depressa!

Deitou-se no chão. A mulher ajoelhou-se sobre ele e, da melhor forma possível, prendeu o dente ruim entre as garras do alicate. Ele então, apoiando as mãos sobre as da mulher, puxou energicamente. Ainda bem que o dente se mostrou disposto a ceder ante essa manobra.

Eis um fato que me espanta: apesar do cansaço e da anemia, conservo quase intato o meu vigor intelectual. Se o dia não foi muito trabalhoso, posso ainda, depois da última refeição, trabalhar durante uma ou duas horas na minha obra sobre a noção da civilização e a ideia fundamental da ética na história do pensamento humano. Os livros que necessitava para esse trabalho e que não possuía me foram enviados pelo senhor Strohl, professor de zoologia na Universidade de Zurique. Minha mesa está colocada rente à porta que abre para a varanda e que, em lugar de vidro, tem uma fina rede metálica, de modo que posso respirar ao máximo a brisa ligeira da noite. As palmeiras acompanham com seu leve sussurro suave a música aguda dos grilos e sapos. Gritos horrendos e inquietantes chegam a mim, vindos da floresta. Caramba, meu cão fiel, grunhe baixinho para me lembrar de sua presença. Um pequeno antílope fêmea anã está estendida a meus pés, debaixo da mesa. Nesta solidão, procuro formular os pensamentos que me preocupam desde 1900 e que contribuirão para a reconstrução da civilização. Oh, solidão da selva, como poderei agradecer-te bastante o bem que me fazes!...

Entre a refeição do meio-dia e a retomada do trabalho no hospital, consagro uma hora à música; as tardes de domingo lhe pertencem, também. Quanto a isso, beneficio-me das vantagens do trabalho na solidão. Chego a uma compreensão mais simples e mais profunda das obras para órgão de Johann Sebastian Bach.

Na África é uma necessidade ter-se um trabalho intelectual que sustente a esfera moral. Por mais paradoxal que pareça, o homem culto suporta melhor a vida na selva que qualquer outro homem, pois possui um conforto que os outros não conhecem. Imerso na leitura dum livro que o obriga a refletir, cessa de ser aquele que se gasta em lutar contra a negligência dos nativos e contra todas as dificuldades do ambiente. Torna a sentir-se um ser humano. Infeliz de quem não consegue recolher-se assim, nem retomar suas forças! Cedo ou tarde estará corroído pelo medonho prosaísmo da vida africana.

Tive ultimamente a visita dum branco, explorador florestal. Acompanhando-o até à canoa, ofereci-lhe um pouco de leitura para os dois dias de viagem que tinha diante de si.

– Obrigado – disse-me ele. – Já estou munido.

Fez-me ver um livro largado sobre seu banco, na canoa. Era *Aurora*, de Jacó Böhme. Essa obra do sapateiro e místico do começo do século XVII o acompanha em todas as viagens. Sabe-se que quase todos os grandes exploradores que percorreram a África levavam leituras "sérias" em suas bagagens.

Jornais quase ninguém tolera por aqui. Como o material impresso que nos chega trata de coisa já desde muito acontecida, isso tem efeito grotesco. Quer queiramos ou não, tudo se sujeita sempre conosco ao influxo dos acontecimentos diários que nos comprovam que aqui a natureza é tudo e o homem não é nada. De maneira que se insinua na concepção do mundo, mesmo dos menos instruídos, uma aversão à vaidade e à agitação do teor de vida europeu. Ele se apresenta aqui como anormal, já que vemos que pode existir em alguma parte da terra o conceito de que a natureza não é mais nada e o homem é tudo.

As notícias da conflagração europeia nos chegam agora com bastante regularidade. A cada duas semanas nos trazem, seja de N'Djôle, por onde passa a grande linha telegráfica de Libreville para o interior, seja de Cabo Lopez, telegramas que resumem os comunicados cotidianos. O administrador distrital os manda trazer por um miliciano negro, que os entrega nos armazéns das feitorias e nos dois postos missionários. O mensageiro espera que a gente os leia e depois lhe devolva. Em seguida, durante quinze dias, ficamos ruminando a guerra em geral, refletindo no paradeiro dos acontecimentos. Mas não os invejamos.

Espalhou-se por esses dias a notícia de que entre os brancos saídos do Ogooué para cumprir suas obrigações militares na Europa, dez já haviam sucumbido. Um velho pahuin comentou:

– Dez homens daqui já morreram na guerra! Mas por que é que as tribos de lá não se reúnem para ter um *palaver* e terminar com peleja? Como é que depois vão poder pagar por tantos mortos?

Entre os nativos, vencedores e vencidos pagam à facção adversa cada elemento caído em batalha.

Quando chega o correio, o meu cozinheiro Aloys indaga sempre:

– Essa guerra ainda continua, Doutor?

– Continua sim, Aloys.

Ele meneia a cabeça, com tristeza, e repete desanimado:

– Ora, mas que coisa... Que coisa, Doutor!

Dentre os negros locais, é aquele que realmente mais apreensivo se mostra com a guerra.

Agora economizamos com muito cuidado os víveres europeus. As batatas começam a virar raridade. Um dia desses um branco me fez presente de umas dúzias que mandou o moleque trazer. Deduzi que ele se sentia doente e que, portanto, em breve recorreria aos meus cuidados. Foi o que se deu.

Desde a guerra nos acostumamos com a carne de macaco. Um missionário do posto mantém um caçador negro e nos manda regularmente o produto da caça. O caçador abate em geral apenas macacos, pois são os animais selvagens mais fáceis de caçar.

A carne de macaco tem o sabor da carne de bode, apenas mais adocicada. Pode-se pensar sobre a teoria da evolução como quiser: não se deixa o preconceito contra a carne de macaco tão fácil.

— Doutor — disse-me na última vez um branco —, comer carne de macaco é o início da antropofagia.

Pudemos, no fim do verão, em companhia do casal Morel, missionários em Samkita, passar algumas semanas em Cabo Lopez. Uma firma comercial, mostrando gratidão por já lhe havermos em tempo hospedado e tratado diversos empregados, pôs à nossa disposição três quartos num de seus armazéns. O ar marítimo nos fez um bem formidável.

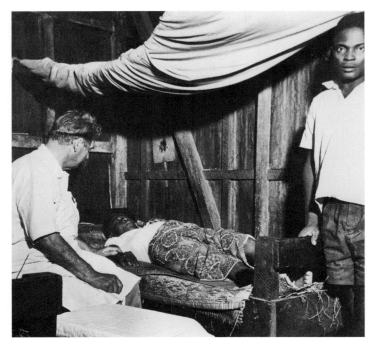

Albert Schweitzer visita paciente em seu hospital em Lambaréné
Créditos: © Bettmann/CORBIS/Corbis (DC)/Latinstock

CAPÍTULO X

DA MISSÃO
Lambaréné, julho de 1916

stamos em plena estação seca. De noite vamos passear pelos grandes bancos de areia, respirando o ar fresco que sobe do vale. No hospital, nestes dias tem havido mais calma do que de costume. Os habitantes das aldeias partiram para as suas grandes temporadas de pesca. Quando estas terminarem, começarão a chegar os doentes. Aproveito as horas de lazer para anotar as impressões que a missão me produziu.

Afinal, já anda por três anos a minha presença aqui, num posto missionário. Que pensamento me sugerem as observações que vim a colher?

Como e em que medida o homem primitivo compreende o cristianismo? Na Europa comprazem-se em afirmar que o cristianismo é elevado demais para os povos primitivos. Eu mesmo, antigamente, vivia preocupado com essa questão. Minha atual experiência me permite responder a isso.

Em primeiro lugar, verifico que o nativo se apresenta muito mais "reflexivo" do que geralmente se imagina. Mesmo que não saiba ler nem escrever, medita bastante sobre muito mais coisas do que supomos. Comovo-me profundamente durante conversas que tenho tido no hospital com nativos mais velhos a respeito dos problemas últimos da existência. A diferença entre branco e negro, entre civilizado e primitivo, desaparece quando acontece de conversarmos com habitantes das selvas sobre questões que dizem respeito ao homem em geral, ao mundo e à eternidade.

– Os negros são mais profundos que nós, pois não leem nenhum jornal – disse-me há algum tempo um branco. Nesse paroxismo reside algo verdadeiro.

Não há dúvida de que exista no nativo uma grande aptidão natural para compreender e receber os elementos essenciais da religião. Já, pelo contrário, as bases históricas do cristianismo lhe permanecem alheias numa certa medida. A História não tem lugar na sua concepção do mundo e ele é incapaz de avaliar o tempo que nos separa de Jesus. Da mesma forma custa-nos muito fazê-lo compreender artigos de fé que definem de que maneira a redenção foi preparada e realizada segundo um plano divino. Todavia, tem uma consciência elementar da ideia propriamente dita da redenção. Para ele, o cristianismo é a luz que brilha nas trevas da sua angústia, que lhe dá a segurança de que não está à mercê dos espíritos da natureza, dos antepassados nem dos feitiços, que homem nenhum possui poder mágico sobre seus semelhantes, pois que só a vontade divina é que reina no mundo.

Eu jazia entre cadeias,
E vieste me libertar.

Essa canção do advento de Paul Gerhardt fala melhor do que qualquer outra expressão o que representa o cristianismo para os povos primitivos. Sempre medito sobre essas palavras quando tomo parte no culto num posto missionário.

A esperança ou o receio do além não exercem nenhum papel na religião dos nativos. O negro não tem medo da morte, considera-a algo natural. O cristianismo sob a forma algo medieval em seu pavor do último Julgamento lhe é muito menos acessível do que sob sua forma ética. Para ele o cristianismo é uma concepção moral da vida e do mundo, revelada por Jesus, a doutrina do Reino e da graça de Deus.

Jaz no fundo de todo nativo um racionalista cheio de piedade e ética. Sente e aprende bem a noção do bem e tudo o que a isso se liga por meio da religião. Rousseau e os filósofos do seu tempo evidentemente idealizaram um tanto o filho da natureza, mas não há dúvida de que exista alguma verdade na concepção que tinham do primitivo bom e racional.

Não cuidemos haver esgotado o mundo dos pensamentos do negro quando levantamos um inventário exato das superstições e das noções jurídicas que lhes foram transmitidas pelos antepassados. Está de fato sujeito a essas ideias, mas não constituem o todo da sua noção de mundo. Bem no íntimo, o nativo pressente obscuramente que a concepção do que é bom deve resultar da reflexão. À medida que aprende a conhecer os grandes princípios morais da religião de Jesus, tudo o que até então estava calado nele consegue exprimir-se e, algo que até então jazia agrilhoado, se liberta. Quanto mais conheço de perto os nativos do Ogoué, mais verifico esses fatos.

Ao nativo, portanto, a redenção por Cristo parece uma alforria dupla. Encarava a vida com angústia, já agora não tem mais nada a temer; era amoral, já agora possui e preza uma visão de mundo ética.

Jamais senti tão bem o que existe de elementar e de vitorioso ao mesmo tempo nos pensamentos de Jesus como quando tenho o privilégio de expor aos nativos, na grande barraca escolar de Lambaréné, que serve de igreja, o Sermão da Montanha, as parábolas do Senhor e as palavras do apóstolo Paulo sobre a vida nova.

Até que ponto o negro, uma vez tornado cristão, se torna outro homem de fato? Pelo batismo, ele abjurou toda superstição. Mas até o presente a superstição esteve tão misturada à sua vida intelectual e social que não se pode desembaraçar dela do dia para a noite. Tem frequentes recaídas, pequenas ou grandes. Acho, porém, que não se deve achar sintoma grave o fato de o negro não poder se libertar definitivamente dessas práticas ancestrais. Urge apenas empregar todos os meios suscetíveis de fazê-lo compreender que por trás desses usos não há nada, nem mesmo um demônio.

Quando nasce uma criança no meu hospital, ela e a mãe são pintadas na cara e no corpo com uma cor branca que as torna pavorosas. Essa prática se encontra em quase todos os povos primitivos. Provavelmente tem por fim espantar ou enganar os demônios que parecem ser para ambas, precisamente nesse momento, bem perigosos. Não me oponho a esse costume. Digo mesmo, assim que o parto termina: "E, principalmente, que não esqueçam a pintura!". Em certas ocasiões a ironia amistosa se torna mais daninha aos espíritos e aos fetiches do que um zelo combativo. Acaso nos esquecemos de que nós mesmos, europeus, possuímos ainda numerosos costumes que provêm de concepções pagãs, sem que saibamos?

A conversão moral permanece também bastante incompleta. Para ser justo a respeito do cristão nativo, é preciso que distingamos entre a moral do coração e a moralidade civil.

No primeiro caso, ele realiza às vezes grandes coisas. É preciso viver entre os africanos para se verificar o que representa para um nativo tornado cristão a renúncia a costumes tradicionais como a vingança de morte. Acho até que o homem primitivo é mais bondoso do que o europeu. Com a ajuda do cristianismo podem surgir índoles duma nobreza notável. Não sou sem dúvida o único branco que tem tido ocasião de se sentir envergonhado perante os nativos.

No entanto, quando se trata não mais de praticar a religião do amor, mas de largar o hábito da mentira e do furto, a fim de se tornar um ser digno de confiança de acordo com as nossas noções, a coisa é diferente. Se me é permitido arriscar um paradoxo, direi que o nativo convertido dá prova muito mais vezes de moralidade do que de honestidade.

Condenar o cristão nativo de nada adiantaria. Será preferível agir de modo a induzi-lo o menos possível à tentação.

A verdade é que existem também cristãos nativos que se tornaram personalidades morais notáveis sob quaisquer pontos de vista. A cada dia encontro um caso desses. Lembro-me, por exemplo, de Ojembo, o professor negro da nossa escola de meninos. Considero-o um dos melhores homens que tenho conhecido. Ojembo é uma palavra que quer dizer "a canção".

Por que será que os comerciantes e os funcionários julgam de maneira tão desfavorável os cristãos negros? Já durante a minha viagem dois passageiros me declararam que por princípio não empregavam serventes cristãos. Isso é porque se tende a responsabilizar o cristianismo por certos aspectos pouco simpáticos resultantes da emancipação. Os cristãos mais jovens frequentaram, quase todos eles, as escolas da missão, e passam em geral pela crise que a instrução escolar produz nos negros. Cuidam-se acima de certos trabalhos e não querem mais ser tratados como um negro "comum". Tenho verificado isso em muitos dos meus meninos serventes. Um deles, Atombogunjo, aluno da classe superior da escola de N'Gômô, esteve a meu serviço durante as férias. Desde o primeiro dia lavava a louça tendo ao lado, em cima da pia, um livro escolar aberto. Minha mulher considerou logo:

– Que ótimo menino! Como é estudioso!

Mas não tardamos a perceber que o tal livro aberto não anunciava somente grande zelo pelo estudo, mas servia de aviso. Esse rapazola de 15 anos nos queria mostrar que era, afinal de contas, bom demais para a classe de serviço que lhe déramos e que não gostava de ser posto em pé de igualdade com os outros serventes. Por último sua presunção se tornou tão intolerável que acabei por despedi-lo sem mais cerimônias.

Como em numerosas colônias quase todas as escolas foram fundadas e são dirigidas pela missão – pois o governo quase não funda nenhuma escola, mas deixa por conta dos missionários –, certas consequências negativas da emancipação se manifestam sobremaneira nos antigos alunos das escolas missionárias, de modo que é ao cristianismo que imputam toda a responsabilidade. Aliás, os brancos esquecem com frequência o que devem à missão. Achando-me um dia num vapor fluvial em companhia do diretor duma grande firma comercial, ouvi-o vituperar contra as missões. Perguntei-lhe, então:

– Quem foi que formou os contabilistas negros e os empregados dos armazéns dos senhores? A quem deve agradecer encontrar no Ogooué nativos que sabem ler, escrever e calcular e que são dignos de certa confiança?

Teve de se calar.

ENTRE A ÁGUA E A SELVA

omo é que atua a missão? Que vem a ser um posto missionário e de que maneira funciona e trabalha?

Na Europa, não raro se imagina que um posto missionário é uma espécie de paróquia rural nas selvas. Trata-se, todavia, de qualquer coisa mais vasta e complexa: uma prelazia, um centro escolar, uma empresa agrícola e um mercado!

Normalmente, um posto missionário compreende: um missionário chefe, um missionário encarregado das excursões evangelizadoras, um missionário professor da escola masculina, uma professora da escola feminina, um ou dois missionários-artesãos e, se possível, um médico. E somente com uma missão assim, completa, é possível obter resultados. Se o posto não estiver completo, gasta-se dinheiro, fatiga-se o pessoal e não se obtém um rendimento viável.

Um exemplo: em Talaguga havia no início da minha estada aqui um excelente missionário norte-americano, senhor Ford. Mas o posto não tinha missionário-artesão. Certa ocasião, o assoalho da casa assentada sobre estacas, onde morava o missionário com a mulher e os filhos, exigia urgentes consertos. Buracos davam passagem aos mosquitos que, como transmissores da malária, eram um perigo para os habitantes. O senhor Ford resolveu, portanto, fazer ele próprio o trabalho. Levou nisso dois meses. Durante esse tempo a região ficou sem missionário. Um missionário-artesão teria feito obras definitivas em três semanas. Eis um exemplo (entre centenas de outros) provando os apuros e a incapacidade dum posto missionário desprovido de pessoal.

Nos trópicos, um europeu produz no máximo a metade do trabalho que pode fornecer num clima temperado. Deve e precisa dispersar sua atividade, logo se cansa e se exaure com rapidez tal que no fim de certo tempo vai ainda suportando, mas não representa mais uma força atuante. Eis por que é indispensável a prática estrita da divisão do trabalho, muito embora, quando as circunstâncias exigem, cada qual deva se entregar a não importa que tarefa. Um missionário que não estiver simultaneamente ao corrente dos ofícios manuais e agrários e não possuir algumas noções de enfermagem é um pobre desgraçado que se aturde num posto. Não negamos que bem conviria ao missionário encarregado da evangelização não precisar de maneira alguma ocupar-se do funcionamento do posto. Sim, deveria e deve estar livre para a qualquer tempo empreender suas excursões, longas ou curtas, pelas aldeias. Muito menos deveria ser obrigado a regressar em dia marcado. No curso duma viagem, pode ser chamado a visitar esta ou aquela localidade que não constava antes do seu itinerário, mas onde habita gente que deseja ouvir o Evangelho. Não convém de modo algum responder que não dispõe de tempo, mas deve dispor de dois ou três dias, talvez mesmo uma semana. De regresso ao posto, vê-se obrigado a descansar. Com quinze dias de viagem rio acima ou abaixo ou em atalhos pela selva fica exausto.

A triste realidade em quase todas as missões é esta: excursões evangelizadoras espaçadas e apressadas. Esse estado inglório de coisas é devido sempre à falta de pessoal ou a uma distribuição defeituosa do serviço, que obriga o missionário itinerante a se ocupar de coisas do posto e o chefe do posto a fazer excursões missionárias.

O chefe tem a seu cargo a manutenção do culto no posto e nas aldeias vizinhas, bem como a fiscalização das escolas e das plantações do posto. Jamais deveria deixar o posto um único dia, pois deve estar atento a tudo, sempre pronto a atender a cada um. Sua ocupação mais prosaica consiste em manter sempre funcionando o mercado. Não adquirimos a dinheiro o necessário para conseguir alimentos para as escolas, os trabalhadores, os remadores e para nós mesmos. Só quando os nativos sabem que encontrarão em nossos armazéns boas mercadorias é que nos trazem com regularidade mandioca, bananas e peixe seco. Assim, o posto missionário não pode deixar de ter uma loja. Duas ou três vezes por semana os nativos chegam com peixe e produtos de suas plantações. E trocam aquilo que trazem por sal, querosene, pregos, material de pesca, tabaco, serras, facas, machados e tecidos. Não vendemos álcool. O chefe da missão passa a manhã inteira ocupado nesse serviço. E o tempo que ele gasta fazendo com exatidão e a tempo as encomendas na Europa! E o tempo que leva com a contabilidade, pagando os remadores e os operários, vigiando as plantações! Quantos prejuízos não ocasiona uma falta de previsão! Há necessidade, por exemplo, de consertar um telhado! Como, se falta uma reserva de ráfia seca e preparada para utilização? É preciso construir! Como, se não há mourões nem tábuas, ou se foi negligenciada a época própria para cozer os tijolos? E a questão alimentar? Esquece-se, por exemplo, de pôr na defumação os peixes secos destinados aos alunos, e uma bela manhã descobre-se que os peixes estão cheios de vermes e, portanto, perdidos! Depende do chefe se o posto missionário atinge grande eficiência com uma despesa fraca ou rende pouco ou nada com uma despesa enorme.

Um exemplo: um dos nossos postos teve, durante anos sucessivos, chefes pouco práticos em matéria de plantação e que não mandavam podar direito o cafezal. Os pés de café cresciam demais e quase não davam grãos, devendo a safra, além disso, ser colhida com a ajuda duma escada. Foi preciso cortar os pés de café bem rente ao chão. E agora vai levar muitos anos para que eles tornem a crescer e produzir grão em quantidade normal.

O chefe do posto também é encarregado de abrir inquéritos sobre os furtos tão frequentes. Isso lhe dá ensejo de desenvolver, além da vontade, seus talentos de detetive. Tem também de solucionar todas as brigas que se dão entre os nativos do posto. Esforça-se para nisso não acabar perdendo a paciência. Terá de escutar durante horas e horas, com a maior atenção, os debates mais estranhos, se quiser vir a ser um juiz deveras justo. Se chegarem barcos dos outros postos, tem de providenciar alojamento e comida para os remadores. Assim que a sirene do navio fluvial se faz ouvir, precisa chegar com suas canoas ao local de desembarque e descarga para apanhar o correio e transportar as caixas de mercadorias.

Pode suceder que não lhe tragam ao mercado alimentos em quantidade suficiente. Vê-se obrigado a enviar canoas a aldeias às vezes longínquas para que lhe tragam o necessário. E quantas tarefas ficam abandonadas durante a ausência dos trabalhadores que tiveram de partir numa viagem de dois a três dias? E, mesmo assim, pode acontecer de as canoas voltarem vazias, sendo então preciso que empreendam nova viagem em outra direção...

Quantos trabalhos extremamente prosaicos para um homem que veio disposto a anunciar a religião de Jesus! Se o chefe dum posto missionário não tivesse de presidir aos cultos da manhã, da tarde e da escola, assim como pregar aos domingos, se arriscaria até a esquecer de que é missionário. Mas a sua influência dependerá muitas vezes principalmente da afabilidade e da mansidão cristãs que deve manifestar nessas tarefas cotidianas. Essa predicação pelos atos tem uma importância decisiva para a vida espiritual dum posto.

ENTRE A ÁGUA E A SELVA

Uma palavra sobre as escolas. Por causa da distância entre a escola daqui e as casas dos alunos é impossível que estes a frequentem diariamente, voltando de tarde para suas casas. Aldeias que dependem do posto missionário de Lambaréné estão a uma centena de quilômetros de distância, às vezes mais. Por isso os alunos precisam morar no posto. Os pais trazem-nos em outubro e levam-nos em julho, que é quando começa o tempo das grandes pescarias. Os alunos, meninos ou meninas, realizam algum trabalho no posto, pagando assim a comida e a roupa que recebem.

O expediente diário desenrola-se da seguinte maneira: de manhã, os alunos se acham ocupados na plantação, das sete às nove horas; cortam a grama e arrancam o mato. São eles que travam a luta contra a selva invasora que ameaça incessantemente a lavoura e o posto. Mal acabam de limpar um setor, já precisam recomeçar no ponto por onde começaram semanas antes. Das nove às dez horas, repouso. Abrigados num galpão, os alunos assam suas bananas à africana; em redor de cada marmita que arde no fogo agrupam-se cinco ou seis crianças. Depois do almoço, aulas das dez horas até ao meio-dia. O recreio, do meio-dia a uma hora, decorre principalmente na beira do rio, com banho e pesca. A seguir, aulas das duas da tarde às quatro. Daí até às cinco e meia, mais um tempo de trabalho. Ajudam na lavoura do cacau, na olaria, no transporte do material de construção, nos trabalhos de aterro. Antes das seis horas, distribuição de alimentos para o dia seguinte. Mais tarde, culto. Em seguida, preparo do jantar. Depois deste, dormitório. A criançada dorme em beliches de madeira abrigados com mosquiteiros. Nas tardes dos domingos organizam-se passeios de canoa, nos quais a professora tem as alunas como remadoras. Na estação de estiagem, os bancos de areia oferecem esplêndido lugar para recreio.

O funcionamento da escola dos meninos se desorganiza um pouco durante as excursões evangelizadoras do missionário ou outras viagens indispensáveis em canoa, porque os alunos seguem como remadores, ficando ausentes às vezes uma semana ou mais. Quando teremos em cada posto um bom barco movido a motor?

O missionário deve dispor de uma instrução aprofundada? Deve. Quanto mais sua vida intelectual e seus interesses intelectuais forem desenvolvidos, melhor ele suportará a estadia em África. Caso contrário, corre o risco de não mais permanecer à altura da sua tarefa. Tal alteração decorre do fato de perder de vista os princípios essenciais da sua obra, de sua energia intelectual se enfraquecer, chegando mesmo a atrofiar-se com pequenas questões, como as que servem para debates intermináveis entre os nativos. Uma instrução teológica aprofundada é melhor do que uma instrução superficial.

Que se pode, contudo, ser um bom missionário segundo certas circunstâncias sem haver estudado teologia prova o caso de Félix Faure, que dirige atualmente o nosso posto.

É engenheiro agrônomo e veio para o Ogooué a fim de se ocupar principalmente da lavoura da missão. Mas suas qualidades de evangelista e pregador o tornaram primeiramente missionário, ficando em segundo lugar suas aptidões técnicas.

Não estou muito de acordo com a maneira pela qual o batismo é ministrado aqui. Geralmente só batizam adultos. E apenas aqueles que dão provas de bom comportamento são recebidos na comunidade cristã. Está muito bem. Mas assim formamos uma igreja estabelecida sobre bases fortes e amplas? Será mesmo indispensável que as comunidades se componham apenas de membros mais que exemplares? Creio que se batizarmos os filhos dos pais já cristãos, disporemos de nativos que desde a infância pertencem à Igreja e que crescerão sob sua influência e nela permanecerão. É possível que haja algum que deserte; mas muitos outros permanecerão membros fiéis da comunidade exatamente porque se afeiçoaram desde pequenos, aí achando uma salvaguarda contra os perigos morais que os rodeiam. É assim que a questão do batismo das crianças, que tanto preocupa a igreja desde seus primeiros séculos, volta a ser hoje em dia um problema premente para a missão. Contudo, se aqui no Ogooué optarmos pelo batismo de crianças, teremos contra nós todos os evangelistas nativos e os anciãos das comunidades.

O problema mais árduo para a missão cristã é que ela se manifesta sob duas formas diferentes: a católica e a protestante. Como seria mais belo trabalhar em nome de Jesus se essa diferença não existisse e se as duas Igrejas não se fizessem concorrência! Os missionários das duas confissões mantêm no Ogooué relações corretas e às vezes mesmo bem amistosas. Mas nem por isso deixa de subsistir a rivalidade, que desconcerta os nativos e prejudica sempre a causa do Evangelho.

Devido à minha condição de médico, vou com frequência aos postos da missão católica, de modo que posso ter uma ideia bem certa da maneira pela qual se pratica lá a evangelização e a instrução escolar. No ponto de vista de organização, a missão católica me parece, em muitos aspectos, superior à missão protestante. Se me competisse acentuar a diferença entre as finalidades visadas por uma e outra, eu diria que a missão protestante colima principalmente formar personalidades cristãs, ao passo que a missão católica procura antes de tudo a formação sólida de uma igreja. O fim visado pela missão protestante é mais elevado, porém se dá menos conta das realidades do que o faz a missão católica. Para levar adiante uma obra educadora perdurável, urge uma Igreja de fundamentos sólidos que se vá firmando principalmente mediante os descendentes das famílias cristãs. É o que a história da igreja de todos os tempos nos ensina. Ora, a grandeza e também a fraqueza do protestantismo não residirão no fato de ser ele em muita coisa uma religião individual e não, em muita coisa, uma Igreja?

Tenho o maior respeito pelo trabalho iniciado aqui pelos missionários norte-americanos e continuado por seus sucessores franceses. Conseguiram formar entre os nativos homens e cristãos de caráter que convenceriam os adversários mais declarados das missões das transformações que os ensinamentos de Jesus podem realizar no homem primitivo. Apenas se deveria dispor de homens e de recursos indispensáveis à criação de novos postos no interior, exercendo uma ação educadora nos nativos, antes que chegue lá o comércio mundial com os perigos e problemas que cria ao filho das selvas.

Mas será isso possível nos tempos atuais? Que será da missão depois da guerra? Como poderão os povos arruinados da Europa continuar a assegurar os recursos necessários aos empreendimentos espirituais no mundo? Além disso, a missão tem um caráter supranacional, como o cristianismo. Ora, a guerra tornou impossível por muito tempo toda e qualquer atividade supranacional. Enfim, por causa da guerra, os brancos perderam muito do seu prestígio moral sobre os negros e por toda parte as missões sofreram muito com isso.

CAPÍTULO XI

CONCLUSÃO

rabalhamos quatro anos e meio em Lambaréné.

No último ano, conseguimos relativa folga e passamos à beira-mar os meses chuvosos e quentes, entre o outono e a primavera. Um branco teve pena do estado de exaustão de minha mulher e pôs às nossas ordens uma casa situada na desembocadura do Ogooué, a duas horas de distância de Cabo Lopez. Em tempo de paz, essa casa alojava o guarda europeu encarregado de tomar conta da madeira armazenada ali no local, mas ficara vazia desde que esse comércio se interrompeu. Nunca nos esqueceremos dessa prova de bondade. Naquelas paragens, a nossa alimentação se restringia a arenques que eu pescava no mar. Dificilmente se poderá fazer uma ideia da quantidade de peixes que há na baía de Cabo Lopez.

No terreno que rodeia a casa existiam galpões onde moravam os trabalhadores no tempo em que florescia o comércio da madeira. Estão quase todos demolidos, e os que restam servem para acomodar os nativos que passam por aqui. Dois dias depois de nossa chegada, fui verificar se os galpões existentes estariam ocupados. Chamei alto. Ninguém respondeu. Fui abrindo as portas, uma depois outra. No último compartimento me deparei com alguém estirado no chão, com a cabeça quase enterrada debaixo da areia. As formigas lhe passeavam pelo corpo. Era um nativo atingido pela doença do sono e que fora abandonado pelos seus, provavelmente desde muitos dias, por não poderem mais transportá-lo. Apesar de respirar ainda, não havia mais nada a fazer. Enquanto me ocupava daquele infeliz, contemplei por um momento o golfo azul, duma beleza magnífica, orlado de verdes florestas e onde o sol poente dardejava raios de fogo. Era uma visão lancinante abranger com um só olhar o cenário paradisíaco e a horrível miséria daquele ser humano.

Quando regressei a Lambaréné, esperava-me muito trabalho. Mas as tarefas não me assustaram, pois eu recarregara minhas energias. Por essa ocasião me deram bastante trabalho os disentéricos. Haviam recrutado em nossa região carregadores para as colunas militares que operavam nos Camarões. E muitos deles regressaram infectados com disenteria. Ainda bem que foram muito eficazes as injeções subcutâneas de emetina, mesmo nos casos piores.

Um dos meus doentes, chamado Basile, que sofria duma úlcera ruim no pé, engajara-se voluntariamente por ocasião dessa procura de carregadores. E isso porque não quis separar-se do irmão, obrigado a partir. Fiz-lhe ver que ao cabo de quatro dias seria obrigado a estirar-se na beira do caminho, vindo a morrer na floresta. Não queria se deixar dissuadir. Tive quase de retê-lo à força.

Achava-me por acaso em N'Gômô no dia em que um comboio de carregadores embarcou no navio fluvial para ser transportado aos Camarões por via marítima. Nesse momento os nativos principiaram a compreender o que significava a guerra. As mulheres lamentavam-se quando o navio partiu, ficando em choradeira até quando a fumaça da chaminé se desfez ao longe. Sentada numa pedra na beira do rio, chorava placidamente uma idosa cujo filho partira. Peguei-lhe a mão e procurei consolá-la; mas continuou a chorar, como se nem sequer me ouvisse. De repente percebi que eu próprio estava chorando junto com ela, ambos recatadamente, sob os raios do sol poente.

Num daqueles dias li um artigo de jornal onde se declarava que sempre haveria guerras por ser impossível desarraigar do coração humano suas nobres aspirações à glória. Esses glorificadores da guerra a veem decerto idealizada de qualquer forma pelo entusiasmo ou pelo sentimento de legítima defesa. Mas a exaltação dessa gente cairia, com certeza, com um único dia de marcha pela selva num dos cenários de guerra aqui da África, e onde a cada instante se encontram cadáveres de carregadores que sucumbiram sob enorme carga. Essas vítimas inocentes, que partiram sem entusiasmo, fariam muita gente compreender, na obscuridade e no silêncio da selva, o que é realmente a guerra.

A que conclusões me levou a experiência destes quatro anos e meio?

Vi confirmado sob todos os pontos de vista o acerto das razões que me fizeram abandonar a ciência e a arte para me instalar na selva. Meus amigos asseveravam, querendo ver se me impediam: "Os nativos, que vivem no seio da natureza, não têm tantas moléstias como nós aqui; nem padecem as dores que sentimos". Contudo, pude ver que tal asseveração era infundada. Na região do Ogooué a maioria das enfermidades que conhecemos na Europa e algumas, as piores, trazidas pelos europeus, causam, se possível, maior dano do que no continente branco. E, quanto à dor, ela é tão vivamente sentida pelos negros como por nós, pois todo ser humano está sujeito aos caprichos do algoz temível que se chama sofrimento.

A miséria física alastra-se imensamente pela África inteira. Temos então o direito de fechar os olhos diante dela e ignorá-la, só porque os jornais europeus não a comentam? Nós, na Europa, somos seres mimados. Quando algum de nós cai doente lá, o médico é chamado e vem imediatamente. Se houver necessidade de operação, as portas duma clínica se abrem imediatamente. Mas consideremos os milhões de seres humanos da África que sofrem sem esperança de socorro. Dia após dia, milhares e milhares de pobres criaturas se veem de braços dados com sofrimentos intoleráveis, de que a arte médica os poderia libertar. Dia após dia, inúmeras cabanas são palco dum desespero que bem poderíamos extinguir. Que cada qual procure fazer uma ideia do que nos últimos dez anos teria sucedido em sua família se esta fosse obrigada a viver sem médico! Cumpre acordarmos da nossa apatia e encarar deveras nossas responsabilidades.

Se considero que minha tarefa é lutar pela causa dos doentes disseminados em regiões longínquas, é porque estou obedecendo à caridade que Jesus e a religião em geral ordenam. Mas também me rendo aos pensamentos e visões mais elementares. O socorro que devemos prodigalizar aos homens da África não nos deve seduzir como uma "obra de bem", e sim como um imperioso dever.

ENTRE A ÁGUA E A SELVA

omo têm agido os brancos de todas as nações a respeito dos nativos, desde a descoberta de terras novas? Que significa por si o fato de que nas regiões onde os europeus irromperam, servindo-se do nome de Jesus, grande número de povos já haver desaparecido e outros estarem desaparecendo ou diminuindo constantemente? Quem descreverá as injustiças e as crueldades cometidas no decorrer dos séculos pelos povos da Europa? Quem jamais poderá avaliar os males causados pela aguardente e pelas doenças que lhes trouxemos e que lhes criaram intensa miséria?

Se fosse posta em livro a história consignando todos os fatos passados e presentes entre os brancos e os negros, haveria muitíssimas páginas que preferiríamos virar sem ler devido à imensidão de coisas que seriam censuras a nós próprios.

Pesa sobre nós e a nossa civilização uma grande dívida. Não nos compete escolher livremente se queremos ou não queremos fazer bem aos nativos da África. Temos obrigação de lhes fazer bem. E o bem que lhes fizermos não é um ato de caridade, e sim se reduz a um ato de reparação. Para cada nativo que sofreu, urge que um de nós parta a prestar socorro. E mesmo quando tivermos feito tudo quanto estiver ao nosso alcance, teremos reparado apenas uma pequena parte dos males cometidos. Esses devem ser os princípios essenciais de todas as "obras filantrópicas" nas regiões longínquas.

As nações que possuem colônias precisam saber que com essa contingência assumiram perante suas populações uma responsabilidade totalmente humanitária.

É evidente que os países têm obrigação de contribuir, como nações que são, para a obra que urge realizar. Mas só conseguirão realizá-la se a sociedade civilizada tiver consciência do que lhe compete. Além disso, o Estado sempre

– 175 –

será incapaz de cumprir sozinho esses deveres humanitários, pois decorrem essencialmente da sociedade e dos indivíduos.

Pode o Estado remeter para as suas colônias quantos médicos tiver à sua disposição e conforme permitir o orçamento da colônia. Bem sabemos que grandes potências coloniais não dispõem sequer de número suficiente de médicos para o funcionamento das formações sanitárias já criadas e que, aliás, não bastam. Cabe, portanto, a maior parte dessa obra médica humanitária à sociedade e ao indivíduo. Precisamos também de médicos que se estabeleçam voluntariamente junto dos nativos e que se submetam, em postos longínquos, à vida difícil, a climas perigosos e a tudo quanto significa o sacrifício de estar longe da pátria e da civilização. Posso certificar, por experiência própria, que acharão no bem que realizarem uma grande compensação por tudo quanto abandonaram.

Mas não conseguirão, de modo geral, fazer face às despesas de sua atividade e manutenção entre os nativos pobres. Precisarão, por conseguinte, achar na Europa pessoas dispostas a lhes fornecer o que precisam. Isso nos diz respeito a todos. Mas, antes que essa tarefa seja compreendida e adotada por todos, quem começará? A confraria dos que foram marcados pelo selo do sofrimento.

Que confraria é essa?

Todos quantos conheceram a angústia e a dor física estão unidos no mundo inteiro por um laço misterioso. Cada um deles conhece as leis inexoráveis a que o homem pode estar submetido e a aspiração que tem de se ver livre das dores. Mas quem se sente libertado delas não deve pensar que está livre de todo e que pode reentrar na vida comum como se nada houvesse acontecido. Travou conhecimento com o sofrimento e a angústia, e deve já agora ir ao encontro do sofrimento e da angústia e contribuir na medida em que a força humana possa agir para a salvação do próximo, já que ele próprio foi salvo.

Quem foi salvo duma grande doença por um tratamento médico deve contribuir para proporcionar o socorro com que foi beneficiado aos que dele ainda carecem.

Todo aquele que foi preservado da morte ou das torturas do sofrimento por uma operação cirúrgica deve oferecer seu auxílio aos que vivem sob o império da morte e da dor, de maneira que o anestésico benfeitor e o bisturi propício aí possam começar sua obra.

Que toda mãe que, devido ao socorro dum médico, ainda possui seu filho arrebatado da terra fria colabore para que a pobre mãe longínqua, em terra onde não há médicos, possa ser poupada do luto, como a mãe europeia pôde.

Que aqueles que cercaram um dos seus em hora de agonia lancinante que a assistência médica evitou que fosse atroz contribuam para que, em terras longínquas, os moribundos possam merecer esse mesmo alívio.

Essa é que é a confraria dos que foram marcados pela dor e a ela incumbe em primeira linha a obra humanitária nas colônias. E essa obra nascerá dos dons advindos por gratidão. Os médicos que partirem serão seus mandatários, realizando junto dos infelizes que habitam terras longínquas o que cumpre efetivar em nome da civilização humana.

Cedo ou tarde, a ideia que enuncio conquistará o mundo, pois ela se impõe com uma lógica tenaz ao pensamento e ao coração do homem.

Mas estará o momento bem escolhido para lançar essa ideia ao mundo? Lembremo-nos de que a Europa se encontra arruinada e na miséria. Que existem imensos sofrimentos a aliviar em nossas esferas mais próximas é evidente. Podemos pensar ainda nas terras distantes?

Para expandir a verdade não há hora. Ela é de todo instante, mesmo e principalmente quando nos parece não ser oportuno. A preocupação dos sofrimentos próximos não é incompatível com a preocupação dos sofrimentos longínquos, contanto que juntas arranquem um bom número de pessoas de sua alienação e façam surgir um espírito novo na humanidade.

Que não se diga: "Se tal confraria manda um médico aqui, outro lá, que adianta isso em comparação com a quantidade das misérias humanas?". A minha própria experiência e a de todos os médicos coloniais permitem afirmar que um médico apenas, mesmo com modestíssimos recursos, tem grande valor para muitas pessoas. O bem que pode fazer ultrapassa tudo quanto consagra de sua vida, bem como o valor dos recursos que lhe são postos à disposição. O quinino e o arsênico contra a malária, o novo arsenobenzol contra as doenças que provocam úlceras, a emetina contra a disenteria, os meios e conhecimentos de que o médico dispõe para operar com urgência: eis o que lhe dá o poder de, num ano, livrar da morte e do sofrimento centenas de seres humanos que sem ele estariam entregues à sua triste sorte. Nestes últimos quinze anos a ciência das enfermidades tropicais fez tamanhos progressos que pôs em nossas mãos um poder quase miraculoso para aliviar inúmeros sofrimentos de nossos irmãos das regiões distantes. Não devemos ver nesses próprios progressos um apelo que nos é dirigido?

Quanto a mim, minha saúde abalada desde 1918 se consolidou após duas operações. Meus concertos de órgão e minhas conferências me permitiram saldar dívidas contraídas durante a guerra por causa da minha obra. Posso, portanto, decidir-me a retomar minha atividade entre os infelizes de distantes terras. A verdade é que a guerra fez desmoronar a obra que fundei. Amigos de nacionalidades diversas, que se tinham aliado para sustentá-la, estão separados agora e por muito tempo, devido aos recentes acontecimentos mundiais. Muitos daqueles que desejariam ajudar-nos ainda empobreceram com a guerra. Por mais modestos que sejam os meus projetos, será difícil recolher a soma necessária, visto que ela precisará ser mais considerável do que antes, pois os preços triplicaram.

Continuo, no entanto, cheio da mesma coragem. As misérias que vi me deram força e a minha confiança é inabalável, pois tenho fé na humanidade. Quero crer que encontrarei inúmeros seres humanos que, tendo sido salvos eles mesmos de alguma miséria física, desejarão expressar seu reconhecimento, fazendo donativos destinados aos que sofrem dessas mesmas misérias. Espero que em breve possamos ser diversos médicos enviados aos quatro cantos do mundo pela confraria dos que a dor selou...

Estrasburgo, junto da Igreja de São Nicolau.
Agosto de 1920.

SOBRE O LIVRO

Formato: 14 x 21 cm
Mancha: 22 x 39,5 paicas
Tipologia: Adobe Caslon Pro 11/15
Papel: Couché fosco 90 g/m² (miolo)
Cartão Supremo 250 g/m² (capa)
1ª edição: 2010

EQUIPE DE REALIZAÇÃO

Capa
Andrea Yanaguita

Edição de Texto
Peterso Rissatti (copidesque)
Raul Pereira (preparação)
Ana Lucia Sant'Ana dos Santos (revisão)

Editoração Eletrônica
Andrea Yanaguita

Impressão e Acabamento